SÉRIE TEORIA E PRÁTICA DAS ARTES VISUAIS

**Laboratório de artes visuais:
audiovisual e animação**

Matias Peruyera

Rua Clara Vendramin, 58 · Mossunguê · CEP 81200-170 · Curitiba · PR · Brasil
Fone: (41) 2106-4170 · www.intersaberes.com · editora@intersaberes.com

Conselho editorial
Dr. Alexandre Coutinho Pagliarini
Drª Elena Godoy
Dr. Neri dos Santos
Dr. Ulf Gregor Baranow

Editora-chefe
Lindsay Azambuja

Gerente editorial
Ariadne Nunes Wenger

Assistente editorial
Daniela Viroli Pereira Pinto

Preparação de originais
Palavra Arteira

Edição de texto
Camila Rosa

Capa
Cynthia Burmester do Amaral
Sílvio Gabriel Spannenberg (*design*)
alexilena/Shutterstock (imagem)

Projeto gráfico
Conduta Design (*design*)
FINNARIO/Shutterstock (imagem)

Diagramação
Conduta Design

Equipe de *design*
Sílvio Gabriel Spannenberg
Mayra Yoshizawa

Iconografia
Celia Kikue Suzuki
Regina Claudia Cruz Prestes

Dados Internacionais de Catalogação na Publicação (CIP)
(Câmara Brasileira do Livro, SP, Brasil)

Peruyera, Matias
  Laboratório de artes visuais: audiovisual e animação/Matias Peruyera. Curitiba: InterSaberes, 2020. (Série Teoria e Prática das Artes Visuais)

  Bibliografia.
  ISBN 978-85-227-0198-8

  1. Artes 2. Artes visuais 3. Cinema 4. Linguagem audiovisual 5. Produção audiovisual 6. Recursos audiovisuais I. Título. II. Série.

19-30676   CDD-006.7

Índices para catálogo sistemático:
1. Laboratório de artes: Produção audiovisual 006.7
            Maria Alice Ferreira – Bibliotecária – CRB-8/7964

1ª edição, 2020.
Foi feito o depósito legal.
Informamos que é de inteira responsabilidade do autor a emissão de conceitos.
Nenhuma parte desta publicação poderá ser reproduzida por qualquer meio ou forma sem a prévia autorização da Editora InterSaberes.
A violação dos direitos autorais é crime estabelecido na Lei n. 9.610/1998 e punido pelo art. 184 do Código Penal.

Sumário

Apresentação 9
Como aproveitar ao máximo este livro 11

1 Audiovisual: conceitos e contextualização histórica 17
    1.1 História do audiovisual: primórdios do cinema 20
    1.2 História da animação 25
    1.3 Principais movimentos 33
    1.4 As diferentes narrativas: os gêneros de filmes 37
    1.5 Audiovisual e animação na atualidade 40

2 Pré-produção do audiovisual 47
    2.1 Planejamento inicial 50
    2.2 O roteiro 57
    2.3 *Storyboard* e planos 64
    2.4 Cronograma 70
    2.5 As funções da equipe 73

3 Produção do audiovisual 81
    3.1 Executando o planejado 84
    3.2 O equipamento 86
    3.3 Equipamentos e técnicas de iluminação 93
    3.4 Captação de som 95
    3.5 Figurino, locação e produção de cena 98

4 Técnicas de animação 103
    4.1 Os 12 princípios da animação 105
    4.2 Caminhadas e corridas 110
    4.3 *Stop motion* 114
    4.4 Dicas e técnicas 120
    4.5 *Softwares* para animação 123

5 Pós-produção no audiovisual ... 131
- 5.1 Decupagem ... 134
- 5.2 Edição: aspectos narrativos ... 139
- 5.3 Edição: aspectos técnicos ... 145
- 5.4 Sonorização ... 154
- 5.5 Especificações técnicas para divulgação ... 158

6 Promoção e divulgação de um projeto audiovisual ... 167
- 6.1 Levantamento de recursos ... 169
- 6.2 Planejamento ... 175
- 6.3 Durante a produção ... 179
- 6.4 Finalização ... 180
- 6.5 Divulgação ... 182

Considerações finais ... 187
Referências ... 189
Bibliografia comentada ... 191
Respostas ... 195
Sobre o autor ... 199

"Eu sempre tive doze anos."

Michel Gondry

Apresentação

O crítico de cinema Ricciotto Canudo (1923), em seu *Manifesto das Sete Artes*, enumerou algumas formas de arte. O cinema, então a mais recente entre as artes enumeradas, ganhou o sétimo lugar. Depois, foram acrescentadas outras artes, à medida que foram sendo aceitas como tal. Atualmente não é necessário manifesto algum para situar o cinema – e o cinema de animação – como arte. Desde as produções mais rudimentares até as multimilionárias, todas são feitas com certas intenções, certo esmero, e são manifestações artísticas nas quais se fazem presentes as subjetividades de cada autor.

Sendo assim, este livro trata da arte de fazer cinema, especificamente o modo como ele é feito. O foco não está tanto em *como* um filme é feito, mas sim em como *pode* ser feito. Apresentamos técnicas inspiradas nas produções profissionais, mas que são possíveis de fazer em uma sala de aula, entre amigos, sem orçamentos, sem equipamentos caros, com mais vontade de se divertir do que de se tornar famoso.

No Capítulo 1, apresentamos um resumo da história do cinema e da animação. Nos Capítulos 2, 3, 4 e 5, explicamos os processos relacionados às etapas de pré-produção, produção e pós-produção de uma obra audiovisual. Por fim, no Capítulo 6, tratamos das táticas para a obtenção de patrocínios e a divulgação do produto.

O objetivo principal deste livro é instigar a produção amadora, assim como fornecer recursos e conhecimentos básicos às pessoas que queiram produzir filmes e animações. O importante é contar histórias e se conhecer por meio delas.

Como aproveitar ao máximo este livro

Empregamos nesta obra recursos que visam enriquecer seu aprendizado, facilitar a compreensão dos conteúdos e tornar a leitura mais dinâmica. Conheça a seguir cada uma dessas ferramentas e saiba como elas estão distribuídas no decorrer deste livro para bem aproveitá-las.

Introdução ao capítulo

Logo na abertura do capítulo, informamos os temas de estudo e os objetivos de aprendizagem que serão nele abrangidos, fazendo considerações preliminares sobre as temáticas em foco.

Preste atenção!

Apresentamos informações complementares a respeito do assunto que está sendo tratado.

Importante!

Algumas das informações centrais para a compreensão da obra aparecem nesta seção. Aproveite para refletir sobre os conteúdos apresentados.

Luz, câmera, reflexão!

Esta é uma pausa para a cultura e a reflexão. A temática, o enredo, a ambientação ou as escolhas estéticas dos filmes que indicamos nesta seção permitem ampliar as discussões desenvolvidas ao longo do capítulo.

Indicações culturais

Para ampliar seu repertório, indicamos conteúdos de diferentes naturezas que ensejam a reflexão sobre os assuntos estudados e contribuem para seu processo de aprendizagem.

Síntese

Ao final de cada capítulo, relacionamos as principais informações nele abordadas a fim de que você avalie as conclusões a que chegou, confirmando-as ou redefinindo-as.

Atividades de autoavaliação

Apresentamos estas questões objetivas para que você verifique o grau de assimilação dos conceitos examinados, motivando-se a progredir em seus estudos.

Atividades de aprendizagem

Aqui apresentamos questões que aproximam conhecimentos teóricos e práticos a fim de que você analise criticamente determinado assunto.

Bibliografia comentada

Nesta seção, comentamos algumas obras de referência para o estudo dos temas examinados ao longo do livro.

Audiovisual: conceitos e contextualização histórica

Algo interessante sobre o estudo de história é que a compreensão do passado nos ajuda, e muito, a entender o presente e os possíveis rumos que o futuro pode tomar. No caso do cinema e da animação, a história das tecnologias e das técnicas dessas artes vai se misturando à história da narrativa e da linguagem.

De certa maneira, a história do cinema é uma história do fascínio por novidades. Os brinquedos óticos, as primeiras produções audiovisuais, o primeiro filme que usou um *close*, a primeira obra sonorizada, o primeiro filme colorido, a primeira animação comercial, a primeira animação em 3-D... Tudo isso gerou certo fascínio em quem presenciou essas inovações.

Com o tempo, essas criações foram adaptadas, recicladas e reaproveitadas: as técnicas de animação serviram para a criação de efeitos especiais, e as tecnologias da engenharia passaram a ser usadas para o entretenimento (como no caso da modelagem 3-D).

O *smartphone*, uma dessas inovações, permitiu que a população em geral tivesse maior acesso às tecnologias utilizadas na produção audiovisual. Executar uma ideia se tornou mais fácil, visto que possuir uma câmera é mais comum nos dias atuais. Desse modo, aumenta o número de pessoas fazerem parte do mundo do cinema – seja em uma sala de aula, seja entre amigos, seja em uma produção profissional.

Com o avanço da tecnologia, a linguagem cinematográfica também foi mudando. Por isso, é importante que você entenda como o cinema, relativamente recente, foi sendo modificado até se tornar o que é hoje: uma arte com novidades, mas que também deve muito às inovações do passado.

Neste capítulo, o objetivo é que você tenha um panorama geral que sirva de base para ampliar o seu conhecimento sobre audiovisual, compreendendo tanto a arte que foi passando por mudanças, quanto a maneira de esta ser feita. Para isso, vamos apresentar informações sobre a história do audiovisual, com foco na animação, e também em movimentos e gêneros, arrematando com algumas considerações sobre o futuro desse gênero do cinema.

1.1 História do audiovisual: primórdios do cinema

A sétima arte, tal qual a conhecemos, teve início em um café em Paris em 1895, durante a exibição pública do cinematógrafo dos irmãos Lumière a empresários e artistas. O invento caiu nas graças do público e logo começaram a aparecer os primeiros filmes.

Existem filmes de coisas triviais, como os vídeos que muitas pessoas filmam hoje em seus *smartphones*, por exemplo: um trem chegando em uma estação ou o registro de um fato ou de um espetáculo musical. Com os mesmos *smartphones*, há pessoas que fazem diversos filmes: tanto vídeos de indivíduos em prédios ou lugares altos quanto de dançarinos, lutadores e esportistas ou fãs de entretenimento. Além disso, há filmes e produções de *webséries*, assim como produções de fãs em homenagem a um estúdio, uma tendência deste início de século.

Por um instante, tente pensar nos fatos que nossa época tem em comum com os anos de 1890: nesse tempo chegou ao mercado um novo dispositivo de mídia que permitiu às pessoas filmar, fazer fotografias e, ainda, montar filtros e aplicar truques de edição. No século XXI, muitos cidadãos são consumidores de filtros para fotografia (digitais), convivem via *smartphones* e publicam (com suas câmeras) pelas redes, privadas ou coletivas: narrativas, perfis, tutoriais, filmes e versões, homenagens, citações e pastiches.

O cinema – e a narrativa visual como um todo – transformou nossa linguagem e as formas com as quais nos comunicamos. Na era da imagem técnica (humano-máquina-humano) viramos uma sociedade oculocêntrica, de desenvolvido apelo visual e imagético. Narramos pela linguagem audiovisual, mas não só. Grafites, ilustrações, literatura, cálculos, arquitetura, música, entre outros, todos esses construtos humanos se encontram no cinema, na linguagem audiovisual e no cinema de animação.

> A animação é filha do cinema: inter e transdisciplinar, o cinema e as narrativas audiovisuais enriqueceram a produção das culturas, contraculturas e subculturas, promovendo cidades, pessoas, comércios, governos, produtos, ideias e ideais.

Estudiosos da área costumam chamar o início do cinema de *fase dos primeiros cinemas*, no plural: isso porque na época havia entusiastas com motivações variadas que visavam testar e compreender os novos limites criados pela experiência da tela e do audiovisual. Do teatro filmado ao registro de eventos cívicos e esportivos, óperas e *vaudevilles*, ficções científicas e truques de mágica, as produções que emergiam e desenvolviam a incipiente linguagem cinematográfica foram constituindo, aos poucos, as regras da prática da sétima arte.

Testando e aumentando o próprio poder de iludir, a fase dos primeiros cinemas foi uma época intensa. A linguagem do audiovisual emergiu como discurso midiático que se organizava em imagem e som. Não tardou para que essa forma de narrar fosse aplicada comercialmente, sobretudo na promoção do turismo; no registro documental, histórico e científico; no entretenimento, poderoso narrador e berço moderno das animações; na difusão de ideologias, pela força da estética cinematográfica; e na filosofia, ao fazer-nos repensar o real, o natural, o artifício, a representação, a arte, a moldura, a ilusão e os sonhos. Não é à toa que o cinema é considerado a *sétima arte*.

O cinema surgiu em uma época em que a industrialização e a urbanização ampliaram o comércio da comunicação e das artes. Com isso, desenhistas, ilustradores, cartunistas, pintores, arte-finalistas, fotógrafos, contistas e escritores, artistas, serigrafistas, técnicos e tipógrafos ganharam destaque da mídia. *Freelancers* desse comércio, localizados geralmente em grandes cidades, trabalhavam para jornais, governos e grupos empresariais. Grandes cidades do mundo desenvolveram mercados editoriais, alguns locais e outros globais: jornais, revistas, escolas e governos, além do mercado da publicidade e da propaganda.

O século XX herdou toda essa tradição das indústrias de artes, comunicação e comércio ao mesmo tempo que o mundo foi se tornando eletrônico e midiático, televisionado e impactado por novas tecnologias de comunicação: a mídia se desenvolveu, se transformou e cresceu globalmente.

Com relação ao desenvolvimento do cinema e do cinema de animação como indústria, é importante frisar que sua linguagem se desenvolveu a partir de uma novidade tecnológica: a imagem em movimento.

Os primórdios do cinema contemplam desde as centenas de curtas de Georges Méliès, como o famoso *Viagem à lua* (1902), até aproximadamente o fim da década de 1920, com o longa-metragem *Metrópolis* (1927), de Fritz Lang.

Figura 1.1 – Quadros de *Quatro cabeças é melhor que uma*, de Georges Méliès

QUATRO CABEÇAS é melhor que uma. Direção: Georges Méliès. França, 1898. 58 seg.

Os efeitos especiais de Méliès entraram para a história do cinema, pois o artista explorou as possibilidades da cinematografia e dos equipamentos de captação de imagem disponíveis na época. Por meio de seus variados truques de ilusão, o cineasta introduziu diversos efeitos na linguagem cinematográfica, conhecidos hoje como *trucagens* (Figura 1.1), em que jogos de luz e espelhos, painéis, desenhos e ilustrações faziam do cinema um espetáculo. Um exemplo famoso de suas trucagens é o desaparecimento de elementos que compunham a cena. Diretor de mais de 500 filmes, Méliès ficou conhecido ainda por seus trabalhos como ilusionista e proprietário do famoso Teatro Robert-Houdin, em Paris.

Fritz Lang foi um austríaco que se dividiu entre a Alemanha e os Estados Unidos, tendo atuado como diretor e produtor de Hollywood em Los Angeles até o fim de sua vida. O cinema industrial foi o palco desse engenheiro civil que enviesou para as artes. Considerado expoente do cinema expressionista alemão, seus filmes eram carregados do contraste entre o preto e branco (Figura 1.2).

Figura 1.2 – Quadro de *Metrópolis*, de Fritz Lang

METRÓPOLIS. Direção: Fritz Lang. Alemanha, 1927. 153 min.

Nessa época, o expressionismo no cinema era altamente simbólico e carregado de significados, de modo a cativar o espectador pelas imagens espetaculares. Planos e elementos gráficos em alto contraste, por exemplo, davam dramaticidade ao cinema mudo. Os efeitos especiais de *Metrópolis* apresentam desde uma minicidade em maquete até um figurino futurista de uma mulher-robô.

Uma cena noturna da torre de *Metrópolis*, uma Torre de Babel futurista, foi desenhada à mão por Erich Kettelhut. O artista utilizou nuances de preto e tons de cinzas em um papelão para dar forma à construção. A cena mostra feixes de iluminação movendo-se entre os prédios da cidade, além de luzes sendo acesas nos edifícios à medida que anoitece. Foram utilizados aproximadamente 25 desenhos feitos à mão para cada segundo da cena.

Preste atenção!

O cinema mudo é aquele cuja narrativa – a diegese (dentro da tela, o filme em si) – não capturava sons, apenas fotogramas. Entretanto, músicas eram executadas ao vivo, durante a exibição, com partituras escolhidas a partir de cada tema. Quando necessário, a narração e/ou as falas dos atores apareciam na tela em formato de texto, para melhor compreensão da história.

Nessa época, a trilha a sonora seria o que chamamos hoje de *música incidental* (*score*), ou *música de fundo*. Entretanto, o que hoje entendemos por trilha sonora não é *score*, mas *soundtrack*.

Foi nessa época que o cinema de animação musicado se tornou parte da cultura popular: uma das cenas épicas de Mickey Mouse é de um curta de 1935, *The Band Concert*. O clímax do filme acontece com uma ventania seguida de um tornado, enquanto a orquestra (regida por Mickey) toca a sinfonia de abertura da ópera *William Tell*, de Gioachino Rossini.

1.2 História da animação

A primeira animação projetada data de 1736 e foi feita pelo cientista holandês Pieter van Musschenbroek, que usou vidros pintados projetados em uma parede, em uma versão aperfeiçoada da lanterna mágica (Lucena Junior, 2001).

Preste atenção!

Alguns antecessores da animação são o teatro de sombras, as marionetes e a lanterna mágica – um projetor no qual uma fonte de luz passava por placas de vidro que produziam imagens em movimento nas quais ilustrações e figuras pintadas eram projetadas em uma parede ou tela.

Figura A – Exemplo de lanterna mágica

Israel Talby/akg-images/Fotoarena

Nas décadas de 1820 e 1830 surgiram brinquedos com nomes complicados, como o taumatroscópio, o fenaquistoscópio, o estroboscópio e o zootroscópio (Figura 1.3). Todos eles se baseavam na persistência retiniana – fenômeno no qual a imagem vista permanece na retina por uma fração de segundo após a percepção.

Figura 1.3 – Patente do zootroscópio, registrada em 1867

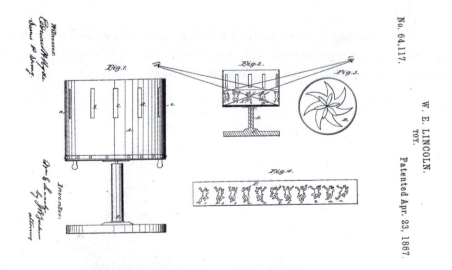

Em 1872, o fotógrafo Eadweard Muybridge fez um estudo fotográfico para descobrir se um cavalo, ao galopar, tirava as quatro patas no chão ao mesmo tempo em algum momento. Para isso, testou várias maneiras de fotografar um cavalo em movimento, inclusive colocando fios que disparavam os obturadores das câmeras à medida que o cavalo ia tropeçando neles. A experiência, além de permitir a visualização do galope de um cavalo, derivou na construção do zoopraxinoscópio, mais um "brinquedo" ótico (Lucena Junior, 2001).

O mercado editorial do século XIX também popularizou os folioscópios (em inglês: *flipbooks*), livretos de imagens que instauram a ilusão do movimento se folheados rapidamente.

Thomas Edison, o famoso inventor estadunidense, desenvolveu em 1891 o chamado *kinetoscópio*, em parceria com William K. L. Dickson (Lucena Junior, 2001). Trata-se de um aparelho formado por uma caixa fechada com um visor que permite que uma única pessoa assista a um filme.

Quatro anos depois, na França, os irmãos Lumière projetavam seu primeiro filme, o que chamou a atenção do ilusionista Georges Méliès, que tentou comprar um projetor dos irmãos, mas, diante da recusa destes, teve de procurar alternativas. Méliès considerava o cinema uma forma de ilusionismo e desenvolveu várias técnicas que são usadas até hoje (Lucena Junior, 2001).

Próximos do que conhecemos hoje como desenhos animados, temos entre os pioneiros o cartunista James Stuart Blackton com o filme *Humorous Phases of Funny Faces* (1906), que mescla a filmagem do próprio autor desenhando com giz em uma lousa a animações quadro a quadro feitas por ele (Lucena Junior, 2001).

Figura 1.4 – Quadro de *Fantasmagorie*, de Émile Cohl

FANTASMAGORIE. Direção: Émile Cohl. França, 1908. 105 seg.

Em 1908, o cartunista francês Émile Cohl lançou o curta *Fantasmagorie* (Figura 1.4), de pouco menos de dois minutos de duração, o primeiro feito completamente em animação. O filme foi desenhado com tinta preta e depois teve suas cores invertidas em laboratório, para emular um desenho em um quadro-negro (Lucena Junior, 2001).

Outro marco do cinema de animação é o curta *Gertie the Dinosaur* (1914), do cartunista estadunidense Winsor McCay (Figura 1.5). Nesse trabalho – que, semelhante à produção de Blackton, mistura *live-action* e animação –, a dinossaura Gertie se comporta como um cãozinho dócil, obedecendo a pedidos. Lucena Junior (2001) menciona que foram feitos 5 mil desenhos para compor a obra. Como ainda não era utilizada a técnica de usar um único fundo com as animações desenhadas em acetatos transparentes, o fundo de *Gertie the Dinosaur* teve de ser desenhado em cada um dos desenhos, trabalho executado por um assistente.

Em 22 de janeiro de 1917, foi lançada a primeira animação brasileira, intitulada *Kaiser*, do animador Álvaro Marins (conhecido como *Seth*). A obra consiste em uma charge animada na qual Guilherme II, então rei da Prússia, inicialmente colocava um capacete, representando o seu poder, e depois era engolido por um globo que representava o mundo. A animação original se perdeu, restando apenas um quadro (Figura 1.6).

Depois de um período de experimentação, as técnicas de animação se encontravam suficientemente consolidadas para poderem ser reproduzidas em

Figura 1.5 – Quadros de *Gertie the Dinosaur*, de Winsor McCay

GERTIE the Dinosaur. Direção: Winsor McCay. EUA, 1914. 12 min.

28

Figura 1.6 – Quadro de *Kaiser*, de Álvaro Marins

grande escala, no processo que Lucena (2001) chama de *industrialização*. O grande responsável pelo surgimento de uma indústria de animação foi John Randolph Bray, a quem Lucena (2001) compara com o engenheiro Henry Ford. Bray teve como princípios eliminar detalhes dos desenhos, conceber a animação como uma produção coletiva, patentear as técnicas e investir em distribuição e *marketing*.

No início do século XX, ganhou destaque a série *Out of the Inkwell*, estrelada pelo Palhaço Koko, uma das primeiras produções dos irmãos Fleischer, cujo estúdio posteriormente lançou personagens como Betty Boop e Popeye. Os filmes do Palhaço Koko eram feitos com técnicas como rotoscopia e também misturavam *live-action* e animação (Lucena Junior, 2001).

Em 1925, criado por Otto Messmer, surgiu o *Gato Félix*, também considerado um marco da animação (Lucena Junior, 2001). Os traços simples, arredondados e completamente pintados de preto, foram assim concebidos para facilitar o desenho. O personagem inspirou outros desenhos, como o coelho Oswald, primeiro personagem de Walt Disney, que depois derivou no icônico Mickey Mouse.

Nos anos 1930 se iniciou a chamada *era de ouro* da The Walt Disney Company, com filmes como *Branca de Neve e os Sete Anões* (1937), *Fantasia* (1940) e *Bambi* (1942).

Enquanto isso, na Europa, a animação não tinha o caráter comercial que havia adquirido nos Estados Unidos. A situação econômica pós-guerra fez com que muitos animadores migrassem para esse país, e o público consumia os filmes estadunidenses. A animação europeia tinha um caráter mais experimental, e, talvez pela tradição de trabalhar com marionetes, a experimentação se concentrou na animação *stop motion* – quadro a quadro, feita com objetos – típica do leste europeu (Lucena Junior, 2001).

Como exemplo dessa experimentação, citamos os filmes do polonês Wladyslaw Starewicz, a quem se atribui o primeiro filme em *stop motion*, intitulado *A linda Lukanida*, de 1912. Assim como em *A vingança do cameraman* (Figura 1.7), do mesmo ano, a animação é feita com besouros.

Outros exemplos dessa categoria são os trabalhos do alemão Walter Ruttman, gravurista que experimentou com animações mais abstratas e geométricas, e da artista Lotte Reiniger, que trabalhou animando silhuetas recortadas em papel e desenvolveu uma câmera multiplano para emular a profundidade de fundos e figuras (Figura 1.8). Essa técnica de fotografia foi adotada posteriormente pelos estúdios Disney, que a aperfeiçoou e a patenteou (Lucena Junior, 2001).

Em 1956, surgiu a chamada *escola de Zagreb*, um movimento formado por vários animadores do leste europeu que pode ser considerado um marco da animação europeia experimental. Um exemplo desse movimento é o curta *O solitário* (Figura 1.9), de Vatroslav Mimica, que recebeu o Prêmio de Melhor Animação do Festival de Veneza de 1958.

Figura 1.7 – Quadro de *A vingança do cameraman*, de Wladyslaw Starewicz

A VINGANÇA do cameraman. Direção: Wladyslaw Starewicz. Rússia, 1912. 12 min.

Figura 1.8 – Esquema da câmera multiplano criado por Lotte Reiniger

Voltando à indústria estadunidense, o surgimento da United Productions of America (UPA) apresentou uma alternativa ao estilo dominado pela Disney e ao humor da Warner Bros. e da Metro-Goldwyn-Mayer. Os fundadores da UPA já haviam passado por outros estúdios e queriam poder trabalhar com um estilo mais contemporâneo incluindo críticas sociais e políticas nas produções (Lucena Junior, 2001). O estilo desse estúdio se caracterizava por ser bidimensional, o que limitava um pouco as possibilidades da animação. Um exemplo das animações da UPA é o curta *Gerald McBoing-Boing* (1950).

Outro grande pioneiro da animação foi Norman McLaren, integrante da National Film Board of Canada, que se destacou pela experimentação com várias técnicas de animação, como desenhar diretamente sobre o filme. Os trabalhos mais conhecidos desse animador são *Neighbours* (1952), que usou *stop motion* com atores, e *Dots* (1940), uma animação abstrata com uma trilha sonora moderna para a época.

Figura 1.9 – Quadro de *O solitário*, de Vatroslav Mimica

O SOLITÁRIO. Direção: Vatroslav Mimica. Iugoslávia, 1958. 11 min.

Figura 1.10 – Quadro de *Gerald McBoing-Boing*, de Robert Cannon

GERALD McBoing-Boing. Direção: Robert Cannon. EUA, 1950. 7 min.

> **Importante!**
> Também nos anos 1950, mais precisamente em 1953, estreou o primeiro longa-metragem brasileiro de animação: *Sinfonia amazônica*, do desenhista Anélio Latini Filho. Feito com cerca de 500 mil desenhos, o filme se baseia em sete histórias folclóricas, narradas pelo personagem Curumi (Anima Mundi, 2017).

Figura B – Anúncio de *Sinfonia amazônica*

Arquivo/Estadão Conteúdo

Os anos 1980 se caracterizaram pelo surgimento de animações para adultos, como *Os Simpsons* e *Beavis and Butt-Head*, e pelo uso de animações de técnicas variadas em canais como a MTV. No final dos anos 1990, começaram a ser lançados longa-metragens animados por computador, precedidos por alguns curtas mais experimentais. A Lucasfilm lançou, em 1984, o curta *The Adventures of André and Wally B.* Em 1988, a Pixar, que começou a produzir animações por computador para demonstrar o poder dos equipamentos que vendia, lançou o curta *Tin Toy*, ganhador do Oscar de melhor curta-metragem de animação daquele ano. Sete anos depois, a mesma companhia lançou *Toy Story*, considerado o primeiro filme de animação computadorizada da história – apesar de o brasileiro *Cassiopeia*, lançado em 1996, ter sido o primeiro filme que de fato foi elaborado de maneira 100% digital; *Toy Story* teve seus bonecos esculpidos à mão e depois escaneados.

As tecnologias que permitiram a realização de animações tridimensionais datam de várias décadas antes desses filmes. Lucena Junior (2001) coloca como antecessores os experimentos feitos pela cientista Mary Ellen Bute, que experimentou com formas abstratas geradas por um osciloscópio – um aparelho dotado de uma tela similar à de uma televisão, que mostra sinais de luz de acordo com a intensidade de sinais elétricos.

O governo dos Estados Unidos financiou estudos de simulação computadorizada com fins bélicos (Lucena Junior, 2001) na década de 1960. Foram sendo desenvolvidos meios de armazenar informações em um espaço tridimensional, algoritmos que "apagavam" as linhas não visíveis de uma simulação e aparelhos que facilitam a tarefa de fazer modelagens em três dimensões, como mesas digitalizadoras.

Nos anos 1970, o foco das pesquisas da área do audiovisual era aumentar o realismo das imagens tridimensionais (Lucena Junior, 2001), com tecnologias para reproduzir texturas e materiais desse formato. Um marco do uso dessas tecnologias é o filme *Tron*, de 1982, que Lucena Junior (2001) considera uma demonstração tanto do estado da técnica da época quanto do fato que uma qualidade visual impressionante não compensa as falhas na história de um filme.

1.3 Principais movimentos

As áreas das artes, da literatura e da filosofia convergiram, ao longo do século XX, e teorizaram sobre o cinema, até que um conjunto de teorias do cinema se estabelecesse em determinadas leituras e abordagens. Apresentaremos aqui um apanhado de teorias a partir da obra *Introdução à teoria do cinema*, de Robert Stam (2003). De qualquer forma, é importante destacarmos alguns autores que embasam o compilado enciclopédico de Stam: Christian Metz, André Bazin, David Bordwell, Jean Baudrillard, Noël Burch, Rudolf Arnheim, Siegfried Kracauer, Sergei Eisenstein, entre outros. Assim, caso você tenha interesse em avançar os seus conhecimentos da linguagem cinematográfica, esses autores valem a empreitada.

Segundo Stam (2003) podemos entender o cinema a partir de cinco perspectivas: tecnológica; linguística; histórica; institucional; e de processos de recepção. A perspectiva tecnológica diz respeito aos dispositivos necessários à produção do cinema; a perspectiva linguística trata da expressão ou expressividade da linguagem cinematográfica; e a perspectiva histórica traça suas origens; a perspectiva institucional discorre sobre a indústria cinematográfica e seus processos de produção; e a perspectiva de processos de recepção aborda o indivíduo, a plateia e o público. Nesta obra, versaremos sobre os quatro primeiros vieses assinalados por Stam (2003).

A literatura e o teatro influenciaram os primórdios do cinema, quando o real *versus* a representação já eram objeto de discussão de artistas em geral. Em *O discurso cinematográfico*, Ismail Xavier (2008) comenta sobre o **teatro filmado**, um fenômeno dos primeiros cinemas: o ponto de vista da câmera era fixo e as ações se desenrolavam diante desse plano geral, como um palco de teatro sendo filmado. Levou certo tempo para que os cineastas se envolvessem com o elemento fundador do cinema: o **corte entre planos**, elemento de linguagem importante para as narrativas audiovisuais.

> Conforme Xavier (2008), os estudiosos atribuem o corte entre planos aos cineastas russos, para os quais a perspectiva tecnológica ou a técnica do cinema eram importantes. Segundo o autor, os russos começaram a usar o corte para unir dois planos e, em sequência, esses planos e cortes se tornavam um todo contínuo na grande tela.

De acordo com a perspectiva tecnológica, o cinema se apropriou de técnicas de outras linguagens artísticas, como o compasso e a cadência da música (os filmes mudos eram musicados ao vivo, e, mais tarde, também os filmes musicais). No fim dos anos 1920, com *Steamboat Willie* (1928), curta de estreia do personagem Mickey Mouse, o som passou a ser sincronizado com a animação.

Nessa época, a fotografia cinematográfica experimentava os contrastes de luz. Nas décadas de 1920 e 1930 surgiu, influenciado pelo expressionismo, o gênero de cinema *noir*, no qual a técnica claro-escuro é utilizada para conferir dramaticidade à história (Figura 1.11).

À medida que as técnicas cinematográficas se consolidavam, equipamentos e padrões se instituíam – por exemplo, a velocidade da exibição, o *timing* da tela, o corte e os planos. Sob a perspectiva tecnológica, os gêneros foram se definindo por meio das técnicas de edição: enquanto os filmes de Charlie Chaplin formatavam o gênero da comédia, as produções épicas e políticas buscavam se constituir com

Figura 1.11 – Plano-sequência de *A marca da maldade*, de Orson Welles

A MARCA da maldade. Direção: Orson Welles. EUA, 1958. 95 min.

base em um caráter realista ou naturalista. Os primeiros cinemas foram palco da era da experimentação e da descoberta das possibilidades da câmera cinematográfica. Em seu início, as plateias assistiam a diversos curtas-metragens (o quanto coubesse numa sessão de 60 ou 90 minutos).

A **continuidade** se instituía como uma regra importante, na qual os movimentos de câmera e dos atores ou personagens de animação precisavam parecer verossímeis ao espectador. Assim, a continuidade estabelece padrões nos quais personagens, segurando objetos ou saindo de quadro, deveriam ser críveis. No campo dos filmes de animação havia uma liberdade criativa quanto à continuidade, mas a perspectiva e a profundidade de campo assumiam relevância. Havia desde filmes que lembravam os cartuns de jornal, bidimensionais, até animações que simulavam um

realismo impressionante, sobretudo nos grandes estúdios, que trabalhavam com os melhores ilustradores e desenhistas e maiores orçamentos.

Segundo Stam (2003), um olhar mais histórico trouxe ao cinema o gênero histórico, que inclui cinebiografias, filmes de guerra, fatos históricos, documentários e filmes de época. Muitos filmes de animação foram produzidos como propaganda política de governos. O modernismo e suas vertentes também influenciaram nesse campo: existem filmes de animação da era soviética (1922-1991) que podem ser encontrados na internet. O início do século XX fez do cinema a arte mais importante para a promoção das ideias políticas. Isso porque o período entre as duas guerras mundiais foi uma época de intenso desenvolvimento da propaganda política.

Sob o viés linguístico, a linguagem cinematográfica foi influenciada pela expressividade dos gêneros consolidados pelo teatro e pela literatura (como a comédia, o drama, a sátira, o pastiche, o suspense, o naturalismo e o realismo). Filmes de suspense e policialescos eram sinistros, sobretudo no gênero *noir* ou, mais tarde, nas produções do diretor Alfred Hitchcock.

Já a perspectiva institucional pode ser entendida pela maneira como a indústria cinematográfica investiu em gêneros e formatos sob a lógica da produção e do lucro: filmes cujas narrativas têm como base a *persona* dos atores de sucesso; filmes sensuais ou eróticos; histórias sediadas em locações específicas (faroeste). Musicais e filmes épicos levaram ao estrelato atores e atrizes e catapultaram estúdios e empresas transnacionais. No campo da animação, os empreendimentos de Walt Disney merecem destaque.

O cinema clássico hollywoodiano ainda na atualidade trabalha a imagem em movimento com o padrão de 24 quadros por segundo (qps)[1], no qual 1 minuto comporta 1.440 fotogramas. Na época do cinema mudo, filmava-se com 16 quadros por segundo, o que resultava em até 960 fotogramas para um minuto de exibição. Desse modo, devido à menor quantidade de fotogramas, os filmes de Chaplin parecem acelerados.

No campo da animação, o desenvolvimento artístico e técnico formatou novas expressividades, seja pela notoriedade de determinados ilustradores e artistas gráficos e seus estilos, seja pelas histórias em quadrinhos, seja pelas trucagens da edição – aprimorada pelas tecnologias, pela computação, pelas ciências e pela cibernética. As animações dos primeiros cinemas exercitaram as linhas e as formas, ao mesmo tempo em que os filmes de estúdio elaboravam cenários imensos a partir de pinturas e sobreposições. Com a publicidade, o mercado editorial de histórias em quadrinhos ampliava o mercado para ilustradores e desenhistas: na chamada *era de ouro da animação* viu-se emergirem os estúdios Disney, Hanna-Barbera, Warner Bros., entre outros.

---

[1] Também conhecido como *frames* por segundo (fps).

1.4 As diferentes narrativas: os gêneros de filmes

Os variados tipos de filmes do cinema se consolidaram em grandes gêneros que, com o desenvolvimento da indústria cinematográfica, geraram subgêneros. Nesta seção, trataremos dos principais gêneros que se desenvolveram a partir dos movimentos artísticos que influenciaram toda a indústria do cinema. Ainda, iremos apontar os gêneros mais importantes no campo da animação. Os grandes gêneros podem ser divididos em: ação, drama, policial, épico, fantasia, horror, faroeste (*western*), romance, musical, ficção científica (*sci-fi*) e animação. Há também a comédia, que geralmente se orienta dentro da diversidade dos grandes gêneros. No contexto dos grandes gêneros, existem subgêneros específicos em cada modalidade – por exemplo, um filme de ficção científica *noir* – ou mesmo a mistura de gêneros e subgêneros. Por fim, há o gênero documental, bastante popular em tempos de internet e da sociedade em rede.

Os grandes gêneros são os mais populares e auxiliam na segmentação das audiências. Se você assina Netflix ou algum outro serviço de *video on demand* (VoD), por exemplo, pode pesquisar títulos a partir dessa categorização.

Examinaremos a seguir os gêneros cinematográficos de acordo com o que as narrativas dos filmes exploram, no sentido de como as histórias são apresentadas. Os filmes de ação envolvem narrativas cuja ideia reside nos conceitos de ação e aventura. Geralmente apresentam planos e sequências acelerados, despertam adrenalina no espectador e costumam contar com muitos efeitos especiais. O gênero de ação abarca desde os filmes de super-heróis, de guerras ou de espionagem, ao estilo *James Bond*, até os inspirados em videogames, como *Tomb Raider*, jogo de 1996 que teve versões cinematográficas em 2001 e 2018. Um clássico nesse gênero é a franquia *Mad Max*.

Muitas vezes inspirados em situações reais, os filmes de gênero dramático examinam ou exploram o lado psicológico dos personagens. Trata-se de um gênero extremamente popular, de grande apelo realístico e que aborda a condição humana. O drama se divide em vários subgêneros, entre eles: os épicos, os melodramas da literatura, os românticos, os médicos e os judiciais.

O gênero policial tem variações que vão desde filmes de gângsteres, criminosos e detetives até sobre questões judiciais. O diretor Alfred Hitchcock é considerado um mestre do gênero policial (e dos subgêneros suspense e mistério). O gênero policial, que popularizou filmes de detetive com o cinema *noir*, costuma apresentar tramas complexas que incitam a curiosidade dos espectadores na resolução dos fatos narrados. Alguns filmes desse estilo contêm cenas explícitas de violência, sendo vetados a algumas faixas etárias.

O gênero épico pode narrar um fato ou uma época históricos como também enveredar para as cinebiografias. Entre os títulos, temos filmes que retratam períodos, como o Império Romano ou a Idade Média; personagens, como Maria Antonieta e Cleópatra; ou religiões. Dramas históricos também aparecem nesse gênero, como os dirigidos pelo cineasta Steven Spielberg, como *A lista de Schindler* (1993) e *Munique* (2005).

O gênero de fantasia é bastante variado em relação aos temas explorados, podendo ser contemporâneo (urbanos), épico, folclórico, de contos de fada, de heróis, de histórias em quadrinhos, de jogos de mesa etc. Entre os maiores sucessos do gênero de fantasia, podemos citar os universos de Hogwarts, apresentada nas histórias do mágico *Harry Potter*, e da Terra Média, de *O Senhor dos Anéis*. No gênero fantasia contemporâneo, temos *Os Caça-Fantasmas* (o filme e a animação televisiva) e *V de vingança* (2005). Os universos da DC Comics e da Marvel Comics também contam no gênero de fantasia, mas podemos considerá-los no gênero de animação. Destacamos também a série televisiva *Game of Thrones* (2011-2019) do canal de televisão HBO, cujos efeitos visuais e de produção tiveram orçamento milionário.

O gênero de horror muitas vezes vai ser chamado de *terror* na língua portuguesa e pode se misturar com o subgênero de suspense. Assim como o gênero dramático, o gênero de horror explora o lado psicológico, sobretudo da audiência. São filmes que se firmaram em temas como medos e paranoias humanas, sempre com histórias macabras. Vários títulos são inspirados nos contos de horror do século XIX, como *Drácula de Bram Stoker* (1992), *Frankenstein de Mary Shelley* (1994) ou o famoso *Nosferatu* (1922). O gênero de horror subdividiu-se em segmentos variados: horror psicológico; monstros, como *Alien* (1979) e *Cloverfield* (2008); paranormal; sobrevivência; ou *serial killers* fictícios. Em 1999, *A Bruxa de Blair* cimentava o estilo de filme de horror feito com "imagens de arquivo", baseado em personagens que contam a história com "uma câmera na mão".

O gênero faroeste (*western*) viveu diferentes fases e, embora seja genuinamente estadunidense, se globalizou e foi muito copiado. Os filmes de *cowboys* estão na cultura popular há décadas e já passaram por intenso revisionismo e críticas. Diretores tão diversos como Quentin Tarantino e Clint Eastwood têm explorado o gênero, bem como a ficção televisiva *Westworld* (2016-), da HBO. O faroeste também tem parentes em outros continentes, em versões mexicanas, brasileiras, andaluzas, sertanejas, caboclas, latinas e indo-asiáticas. Na animação, temos as histórias do cavalo Pepe Legal pelos estúdios Hanna-Barbera e do Papa-Léguas, da Looney Tunes, pela Warner Bros.

A ficção científica (*sci-fi*) é um gênero que evoluiu com o século XX. De marcianos e robôs alienígenas dos anos 1950 e 1960, a ficção científica chegou nos anos 1970 a outras civilizações e universos: as séries *Star Trek* e *Star Wars* fazem parte do imaginário contemporâneo e popular midiático e configuram uma indústria bilionária. Outras franquias emergiram e ampliaram o universo do *sci-fi*. Durante os anos 1980, *Blade Runner* (1982) e outras produções distópicas e seus efeitos especiais se tornaram filmes sempre presentes nas listas dos mais importantes de todos os tempos.

Diversos subgêneros cinematográficos, como o *steampunk* e o *cyberpunk*, têm origens em obras literárias de ficção científica. Em sua maioria, especulam sobre as novidades tecnológicas e científicas, a hibridização homem-máquina, a genética, a física, a astronomia e a compreensão do universo. Nesse gênero, temos a já citada animação brasileira *Cassiopeia* (1996), da PlayArte, que se passa na galáxia de Andrômeda, e *Wall-E* (2008), da Pixar, cuja narrativa se passa no ano de 2100.

Outro gênero bastante explorado no cinema, popular desde a ascensão do mercado editorial no século XIX, é o romance, conhecido pejorativamente como "água com açúcar". Em 1990, com o filme *Uma linda mulher*, dirigido por Garry Marshall e protagonizado pela atriz Julia Roberts, o estilo romântico seguiu expandindo audiências. Nos filmes de animação, o romance também estava presente: a clássica cena dos cães comendo espaguete em *A Dama e o Vagabundo* (1955) é uma amostra disso.

O gênero musical é talvez um dos mais relevantes para o campo da animação. Presentes desde o início do cinema, a musicalidade e as sonoridades são os narradores, maestros e personagens dos filmes:

ditam emoções, narram e ampliam a perspectiva, além de fornecer ritmo e compasso às produções audiovisuais. Gerações conheceram música clássica por desenhos de animação dos grandes estúdios. Compositores, maestros e músicos fizeram das sonoridades uma força comunicativa poderosa na indústria do cinema. Recentemente, *Let it go*, tema da personagem Elsa, de *Frozen* (2013), da Disney, talvez seja a canção mais conhecida do planeta por crianças de até 10 anos, além de ter ganhado o Oscar e o Globo de Ouro em 2014.

As narrativas de animação podem ser de quaisquer um dos grandes gêneros citados. Se entendidos como um estilo, os grandes gêneros estão todos presentes nos filmes de animação. Então, embora possa soar estranho como gênero cinematográfico, o universo da animação compreende mais um conjunto variado de técnicas, ou como uma mídia, mais do que um estilo de narrativa. Tecnicamente, as animações podem ser bidimensionais (2-D) ou tridimensionais (3-D).

O Oscar, da Academia de Artes e Ciências Cinematográficas, instituído em 1930, é uma premiação importante para dimensionar a relevância dos filmes de animação. A segunda e a quarta animação da Disney, *Pinóquio* (1940) e *Dumbo* (1941), respectivamente, levaram o Oscar pelos seus temas musicais. Por outro lado, somente em 1991 uma animação – *A Bela e a Fera* (1991) – foi indicada para concorrer à categoria de melhor filme, principal premiação do Oscar. Tal fato acabou levando, anos mais tarde, à instituição de um prêmio específico para a categoria de animação. Assim, a partir de 2002, os filmes desse gênero passaram a concorrer em uma categoria própria. O primeiro prêmio de melhor animação foi levado pelos estúdios Dreamworks, com *Shrek* (2001).

1.5 Audiovisual e animação na atualidade

O universo dos super-heróis das editoras DC Comics e Marvel Comics tiveram suas histórias em quadrinhos adaptadas e vertidas para o audiovisual, especialmente em virtude da popularização da televisão nos anos 1960. Entre a segunda metade anos 1990 e início dos anos 2000 as produções de filmes de animação alcançaram novas audiências e diversos títulos passaram a ser lançados anualmente.

Em 1996, foi lançado o longa *Cassiopeia*, animação que já citamos anteriormente, produzida e dirigida por Clóvis Vieira. Por meio de algumas entrevistas, esse diretor informou que foram utilizados 17 computadores para a produção (Shimizu, 2016).

Mais recentemente, o carioca Carlos Saldanha destacou a representação brasileira em uma sequência de êxitos para o estúdio de animação Blue Sky Studios e a 20th Century Fox: dirigiu sucessos como *A era do gelo 2* (2006), *A era do gelo 3* (2009), *Rio* (2011), *Rio 2* (2014), *Robôs* (2015) e o recente *O Touro Ferdinando* (2017).

Os filmes de animação também ressurgiram na indústria da propaganda digital: em 2014 a Nike Futebol produziu animações de 300 segundos (5 minutos) para a Copa do Mundo; os principais craques dessa edição eram personas digitais, mas sem o realismo de um jogo como o *Fifa* da Eletronic Arts.

Há décadas que a Coca-Cola se comunica e faz propaganda com filmes de animação. Ursos polares, pinguins, Papai Noel e futebol estão entre os temas. De 2000 para cá a companhia investiu em animação na publicidade, no cinema e em outras redes. Se você procurar por filmes de animação da marca até poderá ter a impressão de que a empresa é um estúdio, pois há diversos comerciais do gênero, como: *Rivais* (filmete veiculado na Argentina, em 2006); *Fábrica de Felicidade* (criado para o SuperBowl de 2007), *Videogame* (comercial que inicia no estilo de um videogame *GTA* e termina como um musical) e *Avatar* (criado para o SuperBowl de 2009).

Atualmente, gráficos, infográficos e vídeos digitais estão presentes em telas de *smartphones*, *tablets*, televisores e monitores. Para artistas e *designers* de animação o mercado é promissor, pois a demanda cresce com a população digital, sobretudo na geração dos *millennials* e das pessoas que nasceram depois do surgimento do iPhone. Os nativos digitais assistem a mais vídeos e formatos em audiovisual do que qualquer geração anterior.

O mercado para produtos de animação anda aquecido globalmente: há demanda para clientes como governos, secretarias, organizações não governamentais (ONGs), escolas e empresas, na mídia e na publicidade, entre tantos segmentos que têm investido verbas de comunicação em filmes de animação. Filmes educativos, simuladores, jogos eletrônicos, publieditoriais e propagandas são lugares propícios para quem deseja trabalhar com cinema, tanto na área artística quanto técnica e/ou comercial.

Síntese

Neste capítulo, vimos que a história do cinema e da animação é uma história de diferentes aplicações de tecnologia. Várias mudanças tecnológicas aconteceram ao longo do tempo, e vários foram os modos com que essas tecnologias foram sendo apropriadas por quem criava – e por quem ainda cria – maneiras de contar histórias. Essas tecnologias, usadas para contar histórias, terminam por alcançar uma situação ideal de se tornarem invisíveis. Ninguém pensa nos computadores em um momento emotivo de um filme da Pixar. No futuro, novas maneiras de fazer filmes surgirão, que, bem utilizadas, também serão invisíveis.

Atividades de autoavaliação

1. Qual das afirmativas apresentadas a seguir **não** é uma característica do filme *Metrópolis*?
   a) Não foram utilizados efeitos especiais no filme.
   b) Foi dirigido por Fritz Lang.
   c) Pertence ao expressionismo alemão.
   d) Não tem falas.

2. Em que ano foi lançado *Humorous Phases of Funny Faces*, considerado por alguns autores o primeiro filme de animação?
   a) 1895.
   b) 1904.
   c) 1906.
   d) 1908.

3. Qual o título da primeira animação brasileira, lançada em 1917?
   a) *Gertie the dinosaur.*
   b) *Kaiser.*

c) *Sinfonia amazônica.*
   d) *Cassiopeia.*

4. Qual das seguintes afirmações não se relaciona ao personagem Gato Félix?
   a) Tem um desenho deliberadamente simples, para facilitar o processo de animação.
   b) Foi criado em 1925.
   c) Seus desenhos não tinham som.
   d) Foi inspirado em Mickey Mouse.

5. Qual dos filmes indicados a seguir **não** é do gênero de ficção científica?
   a) *Star Trek.*
   b) *Nosferatu.*
   c) *Blade Runner.*
   d) *Cassiopeia.*

Atividades de aprendizagem

Questões para reflexão

1. Pesquise sobre como *Gertie the Dinosaur* e *Fantasmagorie* foram feitos e compare as técnicas que foram utilizadas nessas animações com as criadas por Lotte Reiniger. Quais são as principais diferenças entre elas? Ainda há animações feitas de alguma dessas maneiras?

2. Você já assistiu a alguma animação que não fosse direcionada ao público infantil? Quais técnicas foram utilizadas? Em qual gênero você acha que essa animação se encaixa?

Atividade aplicada: prática

1. Você já deve ter um gênero cinematográfico ou talvez um estilo de direção preferido. Vamos trabalhar a partir de suas preferências. Inicialmente, escolha um movimento da história do cinema, um gênero ou o trabalho de um diretor ou diretora. Ganha pontos extra se for um gênero que você não conhece. Prepare a pipoca! Assista a pelo menos três filmes desse movimento/gênero/diretor(a) e levante quais são os pontos em comum entre essas obras. Alguns casos são óbvios – filmes de diretores como Pedro Almodóvar ou Tim Burton, cujas escolhas estéticas são bem particulares –, outros nem tanto – como os filmes da chamada *nova Hollywood*.

Pré-produção do audiovisual

Neste capítulo são abordadas questões relativas à preparação do projeto de um produto audiovisual, cujo momento inicial seria a elaboração de um roteiro, entretanto, priorizamos considerações sobre as possibilidades de gravação, imaginando situações nas quais o roteiro; deva ser adequado às condições que a equipe tem à disposição, como ocorre principalmente em casos de produções amadoras ou elaboradas por estudantes. Se trata da etapa que podemos denominar *desenho de produção*, em que a produção será planejada por inteiro, tanto a gravação propriamente dita quanto a pré e a pós-produção. Alguns profissionais se referem ao que será abordado neste capítulo como *decupagem do roteiro*.

A partir de uma ideia inicial, planejaremos a elaboração de um roteiro, a preparação de um *storyboard*, a procura de locações, a definição de figurino e acessórios, a escolha da trilha e dos efeitos sonoros, entre outros recursos. Elaboraremos um orçamento, que será útil ainda que não haja disponibilidade de recursos financeiros; um cronograma, para organizar a produção como um todo; e a distribuição das funções de cada integrante da equipe. Trata-se de aprender técnicas "profissionais" para adaptá-las às realidades "amadoras".

2.1 Planejamento inicial

O **orçamento**, item importantíssimo de qualquer produção audiovisual, geralmente é dividido em pré-produção, produção e pós-produção (Kellison, 2007). Alguns produtores dividem o orçamento em custos fixos, como salários da equipe de produção, viagens e custo de cenários e equipamentos; custos variáveis, como os cachês de artistas e diretores; e custos indiretos, como impostos e seguros.

Os custos de **pré-produção** incluem a elaboração de roteiro e *storyboards* e a construção de *sets* (cenários) de filmagem. Os custos de **produção** incluem os salários da equipe técnica, os custos com equipamentos, as viagens, a alimentação, a hospedagem, entre outros. Se o orçamento foi bem feito, não haverá grandes surpresas. Os custos da **pós-produção** incluem os gastos de edição, engenharia de som e tradução para outros idiomas, entre outras despesas que podem ser planejadas ou descobertas depois da produção.

Além desses custos, há as despesas com equipe administrativa, licenciamento da obra – para produções que se baseiem em livros, por exemplo –, direitos autorais da trilha sonora, exigências dos artistas, efeitos especiais, contratação de equipe de segurança para cuidar de artistas e equipamentos, aluguel de locações, entre diversas outras.

O orçamento depende da produção e das pessoas envolvidas. Há projetos mais econômicos do que outros. Produções com menos cenários ou com planejamento adequado para otimizar recursos são mais econômicas. Filmagens que retratam épocas passadas ou futuras são mais caras, devido à necessidade de cenários e figurino coerentes em relação ao momento em que a ação se passa.

E como ficam as produções caseiras, que geralmente não têm verba? Assim, nas próximas seções, partiremos do orçamento para fazer um planejamento inicial da filmagem. Já que para calcular os custos de uma produção é importante prever tudo o que será necessário a produção do audiovisual, seguiremos essa mesma lógica para conseguirmos tudo o que for necessário para nossa produção – mesmo que peguemos emprestado em vez de comprar.

A seguinte lista – parcialmente fundamentada em Kellison (2007) – elenca alguns pontos nos quais se deve pensar ao se planejar uma filmagem: locação; período do dia; elenco; figurantes; cenário; elementos cenográficos; efeitos especiais; figurino; cabelo e maquiagem; equipamento; veículos; animais; efeitos sonoros. Estamos focando aqui em filmagens caseiras, feitas por estudantes, mas esses itens também são questões com as quais produtores profissionais se deparam e que precisam ser planejadas por eles.

2.1.1 Locação

Em quais lugares a ação vai se passar? É pouco provável que haja recursos para fazer cenários específicos, então a ideia é pensar com quais espaços a equipe pode contar. A sala da casa de um parente, o bar de algum amigo e lugares públicos, por exemplo, são bons locais para ser realizada uma gravação.

Entretanto, é preciso considerar as possibilidades de cada espaço: falar com o responsável pelo espaço sobre o tempo necessário para a gravação, a quantidade de pessoas que estarão presentes e o que pode ser feito para que ele seja incomodado o mínimo possível.

Alguns lugares públicos podem exigir permissões por escrito para realizar filmagens, portanto, verifique com a prefeitura da cidade se isso é necessário.

Lembre-se de que, com o planejamento adequado, a locação não precisa ser exata. Digamos que você precise gravar uma cena em um parque. Talvez um quintal com algumas árvores funcione adequadamente, desde que sejam utilizados enquadramentos mais fechados, de modo que seja perceptível a presença de árvores e vegetação, mas que não fique visível que a locação que não se trata de um parque.

2.1.2 Período do dia

Em qual período do dia a ação vai se passar? Determine em quais momentos do dia fica será mais fácil realizar a gravação. Considere que uma mesma cena pode precisar da mesma luz. Uma cena curta, por exemplo, não pode começar a ser gravada às nove da manhã e finalizada duas horas depois, pois é provável que a luz mude demais. Gravações à noite requerem iluminação especial ou outros recursos para que seja possível captar as imagens em condições de pouca luz.

Outro elemento importante que você precisa considerar é o clima. Imagine que seu roteiro se passa em dias ensolarados, mas há dias que só chove. Então você deve esperar um dia de sol enquanto aproveita para gravar cenas internas.

2.1.3 Elenco

Se a filmagem for amadora, como ocorre em trabalhos escolares, provavelmente os atores e as atrizes serão os próprios alunos e amigos/parentes dos integrantes da produção ou do elenco. Provavelmente, todos eles aceitaram os papéis após muita insistência da equipe e ainda não estão muito confiantes com a própria *performance* diante da câmera.

Pense que perfis de atores serão necessários. Você deve considerar não apenas idade e sexo, mas também observar se os atores conseguirão se ajustar aos personagens – ou se os personagens poderão ser adaptados a quem vai representá-los. Provavelmente você não conseguirá fazer uma seleção (*casting*), então provavelmente terá de considerar trabalhar com voluntários.

Independentemente de o elenco estar trabalhando de graça ou em troca de cachê, são pessoas que estarão auxiliando para que a gravação seja efetivada, então você deve ter um cuidado especial com o planejamento para não fazê-las perder tempo desnecessário. Se possível, também ofereça caronas e lanches.

Considere que as autorizações de uso de imagem são importantes; por isso, todos os integrantes do elenco devem assinar um documento que permita que a imagem de cada um deles seja utilizada no material.

2.1.4 Figurantes

Algumas cenas podem precisar de várias pessoas. Imagine que uma parte da história acontece em um bar ou restaurante: ficará mais natural se houver outras pessoas ajudando a compor o ambiente. Essas pessoas, que não têm um papel importante na trama – e às vezes nem aparecem no produto final – são chamadas de *figurantes*.

Se forem necessários figurantes para alguma cena da gravação, você pode convidar mais amigos e conhecidos. Talvez, como eles não vão precisar atuar, seja mais fácil de convencê-los. Novamente, destacamos que deve ser respeitado o tempo que eles estão cedendo para a produção da gravação.

2.1.5 Cenário

Toda ação vai acontecer em algum lugar. Em cinema, esse lugar é o cenário. Grandes produções podem ter casas e até pequenas cidades construídas para a filmagem. Já produções mais econômicas podem se aproveitar de lugares já existentes.

Apesar de geralmente as cenas poderem ser adaptadas aos móveis e locações disponíveis, considere tudo o que será necessário e se vale a pena providenciar outros materiais para compôr o cenário. Se a filmagem está prevista para ser realizada na sala da casa de algum parente ou amigo, leve materiais para terminar de compôr o ambiente. Talvez algumas almofadas estilosas possam criar a impressão de um ambiente luxuoso, por exemplo, ou seja necessário uma mesinha extra porque a cena assim exige. Assim, é importante que os locais de filmagem sejam visitados previamente para que essas questões sejam observadas e no dia da filmagem todos os elementos estejam ajustados. Além disso, considere ainda o transporte e o cuidado com os objetos que forem emprestados de terceiros.

2.1.6 Elementos cenográficos

Todos os objetos que vão aparecer em cena devem estar prontos na hora da filmagem. Se for necessário um lápis ou um copo, não espere que o objeto esteja disponível na casa de quem cedeu o espaço, ou que seja emprestado ou comprado na hora. Esses elementos são parte da estética da filmagem, então é necessário que sejam escolhidos com cuidado. Novamente, destacamos que os objetos que forem emprestados para a gravação devem receber especial atenção. Outros elementos podem ser mais difíceis de serem conseguidos para a cena, então procure-os com antecedência.

Se a cena inclui bebidas alcoólicas, substitua-as por líquidos parecidos. Garrafas vazias obtidas em algum bar podem ser lavadas e utilizadas em cena. O chá-mate pode substituir o uísque, por exemplo.

Outro detalhe que deve receber atenção é a continuidade das cenas – é importante que uma bebida ou comida não "desapareça" repentinamente, por exemplo.

2.1.7 Efeitos especiais

Um roteiro pode incluir cenas que representam acontecimentos inexistentes – um ataque de zumbis, por exemplo – ou cuja realização implicaria riscos à integridade física dos atores – como um acidente de carro. A solução? Efeitos especiais.

Os efeitos especiais podem ser trabalhosos, porém também são uma das partes mais divertidas da gravação. Se no roteiro houver acontecimentos que não possam ser efetivamente reproduzidos, você deve considerar os recursos que podem ser utilizados para representar a cena.

Para se realizar uma cena com alguém se ferindo, por exemplo, há sangue cenográfico, que pode ser comprado pronto ou elaborado (xarope de milho, corante vermelho e preto e gelatina sem sabor são ingredientes típicos; procure tutoriais para a receita completa, em diversas consistências). Maquiagens especiais também entram nessa categoria.

Os efeitos especiais também podem ser adicionados na pós-produção. Inserir um desenho animado que interaja com os atores, por exemplo, é algo que não pode ser aplicado no momento da gravação. Porém, a captação deve ser realizada pensando nesse trabalho. Por isso, tome cuidado para que a gravação seja feita de modo tal a poupar o máximo de trabalho.

2.1.8 Figurino

O figurino é composto, basicamente, das roupas e dos acessórios que serão utilizados pelos atores. Em produções mais caseiras, é provável que cada atriz ou ator vá com as próprias roupas, portanto é importante que sejam definidas antecipadamente quais vestimentas o elenco tem disponíveis para a gravação. Caso sejam necessárias peças específicas, como as que pareçam antigas, providencie-as com antecedência. Há lojas que emprestam peças e acessórios, muitas vezes mediante um depósito de um valor como garantia.

Se for necessário gravar cenas com o mesmo figurino em dias ou horários diferentes, é importante que o ator seja fotografado de corpo inteiro e que tudo o que ele usou, inclusive acessórios, seja listado e posteriormente reproduzido, para que não haja erros de continuidade das cenas.

2.1.9 Cabelo e maquiagem

Os penteados e as maquiagens de uma produção audiovisual não são elaborados como quando são feitos para um evento social. O objetivo desses elementos não é causar uma boa impressão, mas ajudar na composição dos personagens.

O cabelo e a maquiagem devem ajudar a contar a história. As pessoas não costumam acordar maquiadas, com delineador e batom; portanto, isso deve ser considerado durante a composição dos personagens. Se alguém acaba de levantar-se da cama, o cabelo deve estar desarrumado para que a ideia seja reforçada. Talvez seja necessário até que a desarrumação seja fixada com *spray* de cabelo.

Às vezes a maquiagem pode ser necessária, ainda que ela não fique evidente no filme. A pele de algumas pessoas pode requerer uma base ou pó compacto para que não fique brilhante na filmagem.

Os atores e as atrizes devem ser orientados sobre os estilos de maquiagem e cabelo, e os resultados devem ser registrados para serem repetidos em cenas posteriores. Uma pessoa da própria equipe que tenha habilidade pode ajudar na produção de cabelo e maquiagem, que talvez precisem de retoques durante a gravação. Por isso, é importante que os produtos que forem utilizados estejam disponíveis durante todo o trabalho.

Além disso, a maquiagem também pode ajudar a rejuvenescer ou envelhecer os personagens. Para que alguém pareça mais velho, há técnicas que realçam linhas de expressão. Alguns métodos usam massas moldáveis para aumentar partes do rosto ou simular inchaços; é a arte da maquiagem se aproximando da pintura e da escultura.

2.1.10 Equipamento

Em uma produção, seja feita com telefones celulares, seja com equipamento profissional, tudo tem de estar pronto e funcionando. Não se trata apenas das câmeras: é importante se lembrar de cabos, baterias, carregadores, acessórios, iluminação, entre outros.

É essencial que a equipe saiba com antecedência os equipamentos com os quais pode contar e adapte as ideias à disponibilidade desses itens. Além disso, uma pessoa pode ficar responsável por listar o que é necessário para que cada equipamento funcione adequadamente.

2.1.11 Veículos

Veículos podem ser necessários tanto para a composição de uma cena quanto para o transporte de pessoas e objetos para a produção. Assim como ocorre com as locações, é importante que seja definido quem vai emprestar o veículo, quem vai ficar responsável por ele e o horário em que ele poderá ser utilizado. Dependendo do tipo de produção, pode ser uma boa ideia que a placa do carro não esteja visível.

2.1.12 Animais

Se o roteiro inclui animais, você deve estar preparado para lidar com um ator que não entende muito bem o que está acontecendo durante a gravação. A menos que o animal de estimação seja muito bem treinado, tenha paciência e muitos petiscos para atrair a atenção dele. E, óbvio, trate eles muito bem.

Cuidado também com o barulho que eles podem fazer. Um cachorro latindo ao fundo de uma cena pode cortar todo o clima.

2.1.13 Efeitos sonoros

É importante que sejam verificados quais efeitos sonoros a produção vai precisar e como eles podem ser obtidos. Além disso, talvez seja necessário que eles sejam gravados separadamente da filmagem.

> **Importante!**
> Como fica o planejamento na animação?
> É claro que o planejamento também é importante nesse tipo de produção. Uma animação em *stop motion* precisa igualmente de cenários, iluminação e efeitos sonoros – além dos bonecos e objetos que serão animados. Uma animação com desenhos também vai precisar de planejamento, estudo sobre os desenhos que serão feitos, fundos, efeitos e trilha sonoros, entre outros detalhes.

2.2 O roteiro

Assim como ocorre com escritores, muitas vezes a ideia para uma história de audiovisual vem de uma situação próxima do criador do material: um familiar, um vizinho, uma história no bairro. Um roteiro pode muitas vezes seguir o mesmo caminho: boas histórias estão por aí, basta que a essência delas seja capturada. O bem, o mal, os desejos humanos, as dúvidas, as alegrias e as virtudes fornecem bons temas.

Biografias e fatos históricos também são argumentos para a construção de roteiros. Geralmente os relatos históricos podem ser divididos em atos, de modo que a produção de um roteiro envolva a narração da história em partes (Ato I, Ato II, Ato III, por exemplo): há uma variedade de produções desse estilo de roteiro, com personagens que vão de Maria Antonieta a Martin Luther King. Além de histórias mais conhecidas, memórias familiares costumam inspirar roteiristas: parentes, amigos, colegas e mitos podem boas histórias. Esse tipo de experiências da vida influenciam e dão vida às narrativas, influenciam o desenvolvimento dos personagens, e lhes dá vida.

Entretanto, para a elaboração de um roteiro, devem ser consideradas algumas questões. Quem são os personagens? Quais são as ações? Como devem ser as cenas? Field (2006) explica que um roteiro é um paradigma: o Ato I é a apresentação (começo), o Ato II, a confrontação (meio), e o Ato III, a resolução (final). Desse modo, a história é contada por imagens, cujas páginas representam uma relação em que um minuto equivale a uma página de texto roteirizado: para o autor, as dez primeiras páginas são essenciais para um filme de 90 a 120 minutos.

Isso nos leva a outro lugar interessante, as notícias de jornais. O diretor espanhol Pedro Almodóvar utiliza-se dessa mídia para contar histórias e, muitas vezes, romper a "quarta parede" – fato que ocorre quando os atores se comunicam com o espectador. Recortes de jornais, programas de entrevistas, telejornais, programas de rádio, fotografias e até mesmo câmeras de vigilância agem como testemunhas da história contada em filmes, operando como elementos narrativos. Desse modo, podemos afirmar que é perfeitamente possível criar um roteiro a partir de uma notícia. Algumas histórias em quadrinhos e muitos filmes *noir* surgiram assim. Podemos citar como exemplos os seguintes filmes do gênero policial: *Al Capone* (1959), *O bandido da luz vermelha* (1968) e *O assalto ao trem pagador* (1962).

Conforme destacamos anteriormente, a ideia é o elemento que sustenta o roteiro de um filme e, por consequência, toda uma indústria. Simples assim: para um bom roteiro basta uma boa ideia. Uma apenas. Num mundo em que os anúncios duram poucos segundos, contar uma história é apresentar uma ideia em pouco tempo.

Entretanto, quando falamos da narrativa audiovisual e da linguagem relacionada a ela, apenas a ideia não basta. É necessário que haja um deslocamento, uma transformação, de um estado para outro, tal qual água sublimando-se em vapor, de líquido para gasoso. Seja do personagem, seja da história, é necessário que haja uma mudança, uma passagem, algo que aconteça e transforme a narrativa.

Classicamente, do teatro à literatura, da ópera ao cinema, há ideias e personagens que dão voz, espírito, sentido e fundamento às transformações. Uma história em que o personagem A termina exatamente como iniciou não tem muito a contar. Em um roteiro, o personagem deve se transformar, mudar em relação ao estado inicial.

Na obra *O manual do roteiro*, Field (2006) explica o formato do cinema clássico hollywoodiano. Esse formato, geralmente acima de 90 minutos, não se aplica de maneira tão estrita ao campo das animações, que trabalha com diversos tamanhos de filmes: curtos (até 30 minutos), médios (30 a 69 minutos) e longos (a partir de 70 minutos); a duração dependerá da ideia a ser contada e, também, de verba e orçamentos de produção.

Às vezes, a realização de um filme curto é tão trabalhosa quanto a produção de um longa-metragem. É típico que a duração de um filme seja proporcional ao tempo dos fatos narrados e que o trabalho seja proporcional à duração da obra. Porém, há exceções, como o curta *Um ano ao longo da estrada abandonada* (1991). O filme, de 12 minutos de duração, demorou 105 dias para ser captado. O diretor Morten Skallerud buscou captar as diferenças entre as estações em um vilarejo norueguês (Skallerud, 2012). Trechos do filme foram usados no videoclipe *Lifelines*, da banda a-ha (Skallerud, 2012).

No entanto, conforme já destacamos, ainda que se apresente em diferentes minutagens, a linguagem cinematográfica profissionalizou-se de tal maneira que foram desenvolvidas fórmulas para o sucesso de algumas produções. A maioria dos filmes comerciais está em conformidade com os modelos hollywoodianos que se firmaram ainda no início do século XX.

Um dos caminhos da roteirização vem das histórias em quadrinhos, em que cadência e a ideia de quadros em muito se assemelha à linguagem do roteiro cinematográfico. No livro *Significação no cinema*, Metz (1972) discorre sobre o plano e o corte, elementos que fundamentam a linguagem cinematográfica e que também estão presentes em um filme de animação.

Um roteiro para audiovisual pode conter uma grande quantidade de informações, dependendo para que e a quem ele se destina. Alguns roteiros são destinados para "vender" a história aos atores, por exemplo; outros são mais técnicos e apresentam detalhadamente todos os diálogos ou, ainda, destinam-se a guiar equipes de produção. Algumas produtoras também oferecem os roteiros em formato de livro ao público.

Classicamente, no roteiro deve ser trabalhado o modo de narração de uma história ou uma ideia por meio de texto, mas já considerando os recursos audiovisuais próprios do cinema.

> **Luz, câmera, reflexão!**
>
> DEADLINE. Direção: Bang-Yao Liu. EUA, 2009. 114 seg. Disponível em: <https://www.youtube.com/watch?v=BpWMoFNPZSs>. Acesso em: 10 out. 2019.
>
> Em tempos de plataformas digitais de compartilhamento de vídeos, um curta de 2009 do YouTube fez muito sucesso: um filme que utiliza a técnica de *stop motion* feita com bloco de papéis da marca Post-it®. O título é *Deadline* ("Data-limite", em português) e a montagem consiste basicamente de um plano americano: há uma mesa encostada em uma parede, uma cadeira e toda a ação se desenrola nesta moldura.
>
> Esse curta, que foi produzido e dirigido pelo taiwanês Bang-Yao Liu para a própria graduação em Artes e Design pelo Savannah College, nos Estados Unidos, utiliza elementos de animação e um ator: a parede em frente ao sujeito se apresenta como uma tela que simula *pixels*. Com a utilização da técnica de *stop motion*, as notas autoadesivas de Post-it® produzem figuras em uma linguagem *pop*, cujo apelo é compreendido pela audiência. O resultado assemelha-se a telas de celulares antigos e de videogames. Foram utilizadas 6.000 folhas de cores variadas e o curta apresenta seu desfecho em pouco mais de 90 segundos. Bang-Yao Liu explica que o filme foi realizado em quatro dias e demandou três meses de planejamento (Liu, 2009).

Você já percebeu que o roteiro é um elemento chave do planejamento de um filme. Mas quais ideias são as melhores? Como ele deve ser começado? Que cuidados devemos observar? Veremos essas questões nas seções a seguir.

2.2.1 Mãos à obra: escolhendo uma ideia

Uma história tem como elementos principais um personagem e aquilo que vai causar uma transformação. A partir disso, é definida uma sequência de acontecimentos, conhecida como *plot*.

Tanto em uma trama verossímil quanto em uma obra de fantasia, é necessário deixar evidente quem é o personagem e qual é a motivação dele. Por exemplo, um filme que conta a história em que um cientista e seus colegas de uma universidade descobrem que um asteroide vai colidir com o planeta e resolvem se unir a bilionários da tecnologia para buscar formas de salvar a todos.

Em termos gerais, em um filme de 90 minutos, de acordo com Field (2009), esse *plot* terá sido exposto entre os primeiros 10 ou 15 minutos da trama; em um curta-metragem, isso acontecerá nos minutos iniciais. Ao chegar nesse tempo, há um ponto de virada (*plot point*) na narrativa: quando é apresentado à trama, o espectador descobre a motivação do protagonista e/ou dos personagens (no nosso exemplo, salvar o planeta). Algo acontece na história que, como num livro, sela o destino dos personagens: no caso do nosso exemplo, o ponto de virada acontece quando o protagonista descobre o asteroide e a rota de colisão deste.

Dessa forma, é no momento em que o ponto de virada é apresentado na narrativa que se estabelece uma marcação ou um clique: a partir dessa informação, o espectador é "consultado", a mente dele é evocada ao que está sendo apresentado na tela.

Assim, apresentado o assunto da nossa história do asteroide, a narrativa audiovisual desenvolverá o universo do personagem e dos protagonistas – "dentro" da tela (diegese) e "fora" dela (a narrativa). Portanto, o filme apresenta uma relação narrativa/tela/espectador.

Essa característica dialógica, interativa, da narrativa audiovisual é algo há muito estudado em variadas áreas da literatura, das artes, do comportamento, da psicologia, do *marketing* e da publicidade. No cinema comercial ou industrial, trata-se de uma ferramenta muito importante para os roteiristas, uma vez que um dos melhores momentos para uma cena apoteótica é o ponto de virada.

Em um filme de ação, da trama ao ponto de virada (*plot point*), o espectador já terá conhecido os personagens, muitas vezes apresentados durante disparos, explosões, lutas, sinistros, acidentes, infrações ou crimes – isso já no primeiro ato. Assim, o conjunto desses fatos é o que leva o protagonista a demonstrar interesse na história.

A narrativa audiovisual – e especificamente de filmes de ação – deve permitir que o espectador entenda do que se trata o filme em seus primeiros minutos: o personagem que se vinga após um acidente; o herói que sobrevive à luta; a explosão que destrói vidas; o disparo que mata a mocinha; o roubo do dinheiro no banco; o policial que descobre um crime. Em outras palavras, os primeiros minutos da narrativa devem revelar a fórmula ou esquema da trama apresentada e, ainda, o gênero (estilo).

Se a narrativa audiovisual fosse uma peça de teatro, o *plot point* indicaria a proximidade do segundo ato, quando se desenvolve o argumento apresentado no início.

> **Importante!**
> E qual o efeito em quem está assistindo ao filme?
>
> É por causa da virada da narrativa que o espectador vai se familiarizar e conhecer a história que está sendo apresentada. Em nosso filme hipotético sobre o asteroide, se os protagonistas vão salvar o planeta todo (ou só as elites ou apenas a si próprios), isso é algo que será exposto após o ponto de virada. O ponto de virada ocorre quando o espectador já entendeu quem são os personagens e a motivação destes. Dependendo do gênero do filme, se for um suspense, o desenrolar da narrativa pode ser completamente diferente do ponto de virada em diante, mas é necessário que a motivação dos personagens apareça no início da trama.

2.2.2 Atos e divisão de um roteiro

O roteiro deve funcionar com poucas palavras ou, conforme destacamos anteriormente, deve se ancorar em uma ideia principal, a qual geralmente dá nome à história. Esses nomes resumem os personagens ou suas ações. Um roteiro é uma ferramenta para uma ideia. Ideia esta que, como a ponta do fio de um novelo, se for puxada, descortina a história. O espectador é quem deve estar interessado. Note que não é à toa que dizemos *o desenrolar da história*. Há uma progressão ou transformação na narrativa; ela se acelera, muda e leva ao clímax da história e à resolução desta. Veja no quadro a seguir a esquematização dessa divisão.

Quadro 2.1 – Divisão dos atos de um roteiro

1º ato	<ul><li>Apresentação dos personagens e do caráter do protagonista.</li><li>Apresentação da história.</li><li>Ponto de virada.</li></ul>
2º ato	<ul><li>Derivação do ponto de virada: apresentação da motivação dos personagens e compreensão sobre o que a história conta.</li><li>Apresentação do estilo da história.</li></ul>
3º ato	<ul><li>Resolução.</li><li>Apresentação do resultado – lição, mensagem final.</li></ul>

O roteiro deve ainda informar certas marcações de cena, de alguns ângulos de câmera e de determinadas fontes de luz. Além disso, é necessário informar se a cena é externa ou interna. Outro tipo de marcação especifica as sonoridades, bem como se há narração em *off*. Se o personagem está sonhando algo, isso pode ser informado no roteiro para auxiliar na criação. O ponto de vista do personagem ou da situação também.

Na história do filme *Alô Amigos* (1942), o Pato Donald foi apresentado ao personagem Zé Carioca. Uma das sequências dessa narrativa audiovisual mostra uma vista aérea percorrendo diversas capitais da América do Sul como Rio de Janeiro, Montevidéu, Buenos Aires e Santiago. No filme, além de Zé Carioca, há um Pateta gaúcho dos pampas argentinos. A cena aérea apresenta um ponto de vista que provavelmente estava informado no roteiro e no *storyboard*. Outra marcação importante nesse filme é a sonora: as ações de Zé Carioca e Pato Donald são compassadas por melodias. Primeiro Zé Carioca aparece para o Pato Donald durante a canção *Aquarela do Brasil*, de Ary Barroso, e depois apresenta o amigo de Hollywood ao samba com a melodia de *Tico-tico no fubá*, de Zequinha de Abreu.

2.3 *Storyboard* e planos

O *storyboard* é uma espécie de história em quadrinhos do filme, com desenhos de cada mudança de plano e de enquadramento presentes no roteiro. O objetivo dessa ferramenta não é contar a história e sim auxiliar no planejamento da narrativa audiovisual. Assim, é considerado um "protótipo" do do filme.

A partir do roteiro é que se elabora o *storyboard*. Grandes produtoras contratam ilustradores profissionais para desenhar os quadros, mas um rascunho feito com um pouco mais de cuidado já ajuda a ter uma ideia como vai ser o filme. Em produções maiores, o *storyboard* serve, entre outras funções, para que o diretor de fotografia saiba quais recursos e equipamentos serão necessários para se aproximar da visão do filme apresentada no próprio *storyboard*.

Storyboards também são úteis para produções que não têm roteiro, como programas de televisão. Sabendo o enquadramento desejado, a equipe técnica consegue posicionar microfones e câmeras, o que pode ser útil também para gravações de vídeos para a internet e transmissões de vídeo ao vivo.

A cada mudança de enquadramento especificada no roteiro, é desenhado um novo quadro no *storyboard*. O objetivo é ter uma ideia da sequência que vai ser filmada, e também observá-la como um todo. Com essa ferramenta, é possível detectar, por exemplo, se há um uso excessivo de determinado plano, o que pode resultar em um filme monótono demais.

2.3.1 Tipos de plano

Nesta seção, abordaremos os diferentes tipos de plano de câmera e traremos exemplos de como exemplificá-los em um *storyboard*. Mesmo que opte por não fazer um *storyboard* para um filme, é importante que você saiba quais as conotações e os usos possíveis desses planos. Observe também que a definição dos termos pode variar entre diferentes autores.

Repare que o estilo de desenho que apresentaremos aqui é propositalmente tosco. Em produções maiores, conforme já afirmamos, são contratados desenhistas profissionais para fazer as imagens. Aqui queremos reforçar que o importante não é a qualidade do desenho, e sim a transformação da ideia presente no roteiro em imagens, fazendo um "esboço" de como a produção ficaria.

2.3.1.1 Plano geral

O plano geral é amplo e mostra o ambiente e o contexto no qual a ação vai se passar (Figura 2.1). Uma expressão também utilizada para esse tipo de plano é *plano conjunto*, que não diz respeito ao ambiente que vai ser mostrado, e sim ao fato de haver vários pontos de interesse no mesmo enquadramento. Alguns autores também mencionam a expressão *grande plano geral* para se referir a um plano ainda mais aberto, no qual o ambiente, o local, é o elemento mais importante.

2.3.1.2 Plano médio

O plano médio é menos "aberto" do que o geral (Figura 2.2) e geralmente enquadra os personagens do tronco para cima. Use esse plano quando for necessário mostrar o que as pessoas estão fazendo, como elas estão vestidas ou quais objetos têm em cena. Uma variação do plano médio muito utilizada em programas de televisão é o chamado *plano americano*, que "corta" as pessoas logo abaixo dos joelhos. Quando o corpo das pessoas aparece por completo, a expressão correta é *plano inteiro*.

Figura 2.1 – Plano geral

Figura 2.2 – Plano médio

Figura 2.3 – Primeiro plano ou *close*

Figura 2.4 – Primeiríssimo plano

Figura 2.5 – Plano detalhe

Um lembrete, que serve também para fotos: ao usar planos médios, evite que as bordas fiquem perto de pulsos, joelhos, cotovelos ou qualquer outras articulações das pessoas. Caso contrário, a impressão de que os personagens estão "cortados" poderá causar uma sensação ruim.

2.3.1.3 Primeiro plano ou *close*

O primeiro plano, também conhecido como *close*, mostra o rosto das pessoas (Figura 2.3). Você pode utilizá-lo quando quiser enfatizar os personagens, as falas, as emoções ou ainda para dar destaque a algum objeto.

2.3.1.4 Primeiríssimo plano

O primeiríssimo plano é ainda mais fechado, mostrando o rosto ou partes dele (Figura 2.4), ou ainda detalhes de objetos ou de outras partes do corpo dos personagens. É muito usado para mostrar emoções, pois a proximidade auxilia na construção da carga dramática. Reserve esse tipo de plano para um momento especial do filme.

2.3.1.5 Plano detalhe

Similar ao primeiríssimo plano, a expressão *plano detalhe* é usada quando for preciso destacar um objeto (Figura 2.5) – e não um rosto.

2.3.2 Outras indicações

Além do tipo de plano, há outras indicações que podem estar presentes no desenho do *storyboard* para a concepção do filme. Os planos também podem incluir na descrição o ângulo da câmera: **ângulo normal** ocorre quando a câmera está posicionada na mesma altura do objeto ou personagem que está sendo filmado; ***plongée*** (pronuncia-se "plongê") é a expressão utilizada quando a câmera está posicionada acima do objeto ou personagem, apontada para baixo; **contra-*plongée***, é a expressão utilizada quando a câmera está posicionada abaixo do objeto ou personagem, apontada para cima.

Outra indicação possível é o lado em que o objeto ou pessoas devem ser filmados: frontal, três quartos, um terço, de perfil e de nuca.

Essas indicações também devem aparecer no *storyboard*, desenhadas e por escrito. Pense nos significados que cada um desses planos carrega. Você pode utilizar uma câmera com um ângulo *plongée* para transmitir a sensação de que um personagem é pequeno diante de uma situação, por exemplo, ou aproveitar as diferenças de enquadramentos de perfil e frontal para conseguir uma cena variada e interessante, que mostre vários aspectos do personagem.

2.3.2.1 Movimentos de atores ou objetos

Você pode aproveitar para indicar os movimentos que os atores (ou até mesmo animais ou objetos) farão durante a ação. Para isso, basta utilizar setas ou indicações por escrito.

2.3.2.2 Movimentos de câmera

Os quadros do *storyboard* também vão representar os movimentos de câmera especificados no roteiro. Nesse caso, o mais prático não é desenhar dois quadros, e sim demarcar, em um único desenho, o enquadramento e suas mudanças de posição.

Figura 2.6 – Indicação de movimento de câmera (*pan*)

Figura 2.7 – Indicação de *zoom*

Figura 2.8 – Indicação que a câmera deve acompanhar o personagem (*travelling*)

2.3.2.3 *Pan* ou *tilt*

Pan – de panorâmica – e *tilt* são dois movimentos nos quais a câmera não muda de posição; ela somente se move em seu próprio eixo. No *pan* o movimento é horizontal, e no *tilt*, vertical – apesar de que há profissionais que usam o termo pan para se referir a qualquer direção.

No *storyboard*, você pode representar esse movimento desenhando a cena inteira – afinal, ainda que não apareça toda de uma vez, ela é necessária – e marcando os enquadramentos e as direções que a câmera deve seguir, além de indicar abaixo do quadro que se trata de uma cena *pan* ou *tilt* (Figura 2.6).

2.3.2.4 *Zoom*

Zoom é quando o enquadramento se aproxima (*zoom in*) ou se afasta (*zoom out*) de determinado ponto do quadro. Novamente, a câmera não se mexe; o movimento é feito com os recursos do aparelho que está sendo utilizado.

No *storyboard*, você pode representar a cena completa que vai aparecer utilizando setas para indicar se o *zoom* vai se aproximar ou afastar (Figura 2.7). Novamente, ressaltamos a importância de se anotar o movimento desejado.

2.3.2.5 *Travelling*

Denomina-se *travelling* qualquer tomada na qual a câmera se mexe junto com o objeto que está sendo filmado. Produções com maiores orçamentos usam trilhos para guiar a câmera para que esta não oscile, ou equipamentos de *steadycam*, que amortecem os tremores dos passos do operador de câmera. Já em produções "caseiras", o equipamento é o pulso, que deve ser mantido o mais firme possível.

O *travelling* tem um grau de dificuldade mais elevado que os outros movimentos apresentados anteriormente, é utilizado justamente para manter o enquadramento desejado enquanto atores ou objetos se movimentam. Você deve indicar no quadro a noção de composição, por meio de setas e anotações para mostrar como deve ser feito esse movimento (Figura 2.8).

> **Preste atenção!**
> É necessário fazer *storyboard* na produção de uma animação?
>
> Sim, também é de grande ajuda. Pense que o *storyboard* é uma etapa do planejamento que vai otimizar o tempo de produção, seja em filmes *live-action*, seja em animações. Assim como não não devemos filmar tudo sem atenção aos detalhes, não podemos fazer animações sem o mínimo de cuidado. Na animação é muito utilizado um recurso chamado *animatic*, que consiste na filmagem dos quadros do *storyboard* e na confecção de uma prévia da cena ou do filme antes de ser produzida ou filmada a ação. Assim, esse recurso serve para termos uma ideia de quanto tempo cada cena vai demorar e verificarmos se alguma poderia ser mais curta ou longa, se alguma transição entre enquadramentos vai funcionar etc. Também é possível que os quadros sejam escaneados ou fotografados e editados em algum programa de edição de vídeo. Além disso, é possível a realização de *animatics* de filmes *live-action*.

2.4 Cronograma

O cronograma é uma ferramenta indispensável para a realização de qualquer projeto que tenha um prazo a ser cumprido. Trata-se de uma lista das atividades a serem realizadas, mas organizadas na sequência temporal que elas devem acontecer. Com essa ferramenta, é possível gerenciar corretamente o tempo de um projeto, visualizar as tarefas que precisam ser feitas e decidir o que será necessário para isso. Cronogramas também são importantes para a apresentação do projeto da produção a outras pessoas ou a instituições com vistas à captação de fundos, por exemplo.

Para elaborar um cronograma, comece listando as atividades que acontecerão uma única vez e quais se repetirão; defina as datas mais importantes; estime a duração de cada atividade, observando quais recursos, pessoas e equipamentos serão necessários; estime o tempo necessário para a pré-produção, para a produção em si e também para a pós-produção.

É importante que o cronograma seja flexível, já que podem acontecer imprevistos. Na produção de um audiovisual há situações que são mais imprevisíveis do que outras, e o cronograma pode precisar ser modificado em decorrência de fatores externos, como uma chuva inesperada no dia de gravação de uma cena externa.

Campos (2008) fala de diferentes tipos de cronograma, adequados a diferentes situações: analítico; físico; físico/financeiro; de produção.

O cronograma analítico descreve as tarefas que cada departamento deve produzir, permitindo uma visão mais geral, mais adequada para a apresentação do projeto ou para o início de um planejamento. O cronograma físico (Figura 2.9) inclui uma descrição temporal de cada tarefa e pode ser apresentado de maneira esquemática, sendo a opção mais útil para a produção (Campos, 2008).

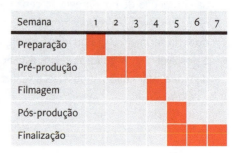

Figura 2.9 – Exemplo de cronograma físico

Fonte: Elaborado com base em Campos, 2008.

O cronograma físico/financeiro inclui os gastos de cada etapa e o cronograma de produção reúne as informações dos cronogramas analítico e físico (Campos, 2008).

Considere que uma produção amadora, sem a divisão de equipes de uma produção profissional, pode dispensar essas especificações, mas também se beneficia da elaboração de um cronograma para a estimativa de prazos e a delegação de tarefas.

2.4.1 Como elaborar um cronograma

Kellison (2007) recomenda que as filmagens sejam feitas na sequência do roteiro, porque dessa maneira toda a equipe se familiariza com ele de maneira mais natural, participando da construção da história e observando a evolução dos personagens. Entretanto, a autora reconhece a dificuldade de isso ser realizado. Filmar na sequência pode funcionar se a história for linear, mas também é interessante que as cenas sejam agrupadas pela conveniência, para otimizar tempo e recursos. A maioria das produções é feita dessa maneira.

Digamos que seja necessário filmar cenas em três lugares diferentes. É muito trabalho para a equipe ir até outra locação a cada nova cena. A filmagem em sequência também complica o trabalho da continuidade entre cenas; é mais fácil que ocorra algum erro, como alguém se esquecer de levar algum objeto ou peça de roupa, entre outros erros que possam aparecer na filmagem.

A filmagem em sequência também dificulta que a gravação das cenas seja agendada com a equipe inteira, mais ainda quando se trata de pessoas amadoras, que têm outros compromissos. Sendo assim, é importante seja feita uma decupagem do roteiro para que sejam verificadas quais cenas serão gravadas juntas.

2.4.2 Dicas para otimizar as gravações

Você notará um padrão nas dicas a seguir. Basicamente, a ideia geral é rodar – ou seja, filmar – antes as cenas que precisam de mais recursos e que por isso têm mais chances de dar problemas. Vamos ver como isso se manifesta em cada aspecto da produção.

2.4.2.1 Locação

O ideal é que a equipe aproveite ao máximo a ida a uma locação e grave tudo o que for necessário, no tempo certo, para que não seja necessário retornar ao local. Menos estresse para todo mundo, menos tempo perdido no trânsito, mais tempo para se trabalhar no filme.

Ao preparar o cronograma, você deve considerar a disponibilidade de cada locação. Há lugares que fecham em determinados dias da semana – como museus, que não costumam abrir às segundas-feiras. Outros lugares, como parques, são mais movimentados aos domingos, o que pode ser bom ou ruim para a produção. Além disso, pessoas que emprestarem lugares para a filmagem podem preferir que esta seja feita em determinado dia da semana.

Considere todos esses fatores ao elaborar o cronograma e escolha bem quais devem ser priorizados. Suponhamos que você tenha dois meses de prazo para entregar um filme e precisa gravar um evento que acontece mensalmente. Durante o prazo, esse evento vai acontecer duas vezes. Você pode programar a gravação logo no primeiro evento; assim, se ocorrer algum imprevisto, ainda terá mais uma chance para gravá-lo. Se você escolher deixar para a segunda data, não terá uma segunda chance para fazer a filmagem.

2.4.2.2 Elenco

Em produções maiores, a organização do elenco pode implicar questões sindicais e trabalhistas. Produções amadoras não precisam se preocupar com essas questões, mas precisam levar em consideração os compromissos de todos os envolvidos.

É fundamental que as gravações sejam programadas de acordo com a disponibilidade dos atores. Isso é importante principalmente em casos que o elenco for composto de atores amadores como amigos e parentes que estejam atuando no filme. Você deve se limitar a dias e horários que eles estiverem disponíveis, e não esperar que eles faltem ao trabalho ou às aulas para atuar no filme.

Além disso, é essencial que todo mundo esteja descansado e de bom humor. Devemos programar tempo de descanso entre um dia de trabalho e outro e ter maior cuidado e paciência com crianças que estiverem atuando; não é possível que seja exigido delas o tanto que se exige de adultos.

2.4.2.3 Externas e internas

Seguindo a regra de começar pelo que representa mais riscos, comece pelas cenas externas, o que lhe dará mais tempo para adiar a gravação em caso de dias de chuva, por exemplo, ou para refazer uma cena que precise ser gravada em um horário específico. Cenas internas não sofrem tanto com variação de luz e de clima, então podem ser gravadas depois.

2.4.2.4 Mudanças de aparências

Digamos que alguma coisa ou alguém precisa mudar de aparência em dois momentos do filme. Se for uma locação ou um objeto, pode ser melhor que a filmagem seja iniciada pelas cenas que precisam de menos modificações. Ou pode ser o contrário: a filmagem pode começar pelas cenas que requerem mais trabalho. Você deve avaliar a situação de acordo com o cronograma.

2.4.2.5 Equipamentos

Se a equipe precisar de algum equipamento especial, emprestado ou alugado, comece gravando as cenas que utilizarão esse equipamento. Assim, ele poderá ser devolvido a tempo, ou a cena poderá ser refeita caso haja ocorra algum problema.

2.5 As funções da equipe

Qualquer equipe, seja em uma oficina mecânica, seja em um salão de beleza, vai contar com pessoas especializadas em diferentes tarefas. Na oficina mecânica, há pessoas que sabem consertar a parte elétrica de um carro e outras especializadas no conserto de motores diesel, assim como em um salão de beleza há aquelas que fazem manicure e outras que se especializam no manuseio e na aplicação de produtos químicos para o tingimento de cabelos.

Na produção de um audiovisual é a mesma coisa. Quem estiver cuidando do cenário não vai poder maquiar um ator, e o diretor tem tarefas mais importantes do que cuidar da iluminação. Há toda uma hierarquia que garante que o trabalho seja bem feito.

Quanto maior for a produção e o orçamento, maior será a quantidade de pessoas envolvidas e de especialidades. Em produções de menor porte, as funções podem se acumular. Em produções amadoras, as funções vão se acumular. A dica é dividir as tarefase especificar quem vai ter a palavra final sobre determinadas funções. Alguém vai ter que fazer o "papel de chato" para que a produção possa ser realizada.

As seguintes descrições das funções da equipe foram baseadas nas explicações apresentadas por Kellison (2007):

- **Diretor** – É quem rege criativamente a produção. Trabalha com a equipe, orientando o trabalho de cada setor, buscando a realização da visão dele para o filme.
- **Diretor de fotografia** – Responsável por levar a cabo as ideias da direção, por meio da escolha das câmeras e das objetivas (chamadas equivocadamente de *lentes*) e do tipo de iluminação que será utilizado, além de definir como serão obtidos os enquadramentos planejados, inclusive com o uso de gruas ou plataformas especiais.
- **Gerente de produção** – Providencia o que é necessário para a produção. Cuida de orçamentos, de cronogramas, da parte logística e pode também ficar responsável pela alimentação e hospedagem da equipe.
- **Assistente de direção** – Faz o "meio de campo" entre a direção, a produção e os demais integrantes da equipe. Por ser o responsável pela cobrança de prazos, pode acabar tendo o papel de "pessoa malvada".
- **Sonoplasta** – Assim como o diretor de fotografia cuida da imagem, o sonoplasta cuida do som. É responsável pelos tipos de microfones que serão usados, por abafar sons indesejados, por cuidar de aparelhos que possam causar interferências nos equipamentos, entre outras questões.
- **Diretor de arte** – Responsável pela realização da parte visual, cenários, figurino, móveis, acessórios, maquiagem. Enfim, tudo o que vai aparecer em cena. O diretor de arte cuida para que tudo esteja de acordo com a estética buscada pela produção. Em produções maiores, ele coordena o trabalho de cenógrafos, figurinistas e outros profissionais.

- **Supervisor de pós-produção** – Responsável por tudo o que acontece com as imagens e os sons que foram captados, o supervisor de pós-produção escolhe as instalações para a edição de vídeo e áudio, os profissionais que vão editar e colorizar o filme ou ainda quem vai cuidar dos efeitos especiais. Claro que esse profissional não trabalha apenas após as filmagens, uma vez que pode ser necessário que as cenas sejam feitas de algum modo específico que facilite o processo de pós-produção.

Há várias outras funções em uma produção de audiovisual. Vamos ver alguns exemplos com base em Kellison (2007). Todas essas funções também podem ter cargos subordinados – assistente de fotografia, por exemplo.

- **Pesquisador** – Faz pesquisas necessárias para a produção. Por exemplo, para um filme de época, é necessário que esse profissional pesquise como eram as vestimentas e o vocabulário utilizado no período em que se passa a história.
- **Redatores e roteiristas** – Elaboram o roteiro do filme.
- **Artista de *storyboard*** – Desenha, sob a orientação de outras pessoas da equipe, o *storyboard* da produção.
- **Diretor de iluminação e/ou iluminadores** – Cuida da iluminação, do equipamento e da modificação de luzes de acordo com a necessidade das cenas.
- **Operador de câmera** – Executa as orientações do diretor de fotografia.
- **Fotógrafo** – Registra cenas das filmagens, documentar e/ou divulgar a produção.
- **Operador de *boom*** – Cuida da fixação e da movimentação do microfone *boom* – que fica por cima dos atores, utilizado para captar diálogos.
- **Técnico de som** – Centraliza o áudio, tipicamente cuidando da chamada *mesa de som*, na qual são ligados todos os microfones.
- **Continuista** – Registra todos os detalhes de gravação de uma cena, para que a filmagem possa ser continuada em outro momento. Por exemplo, se uma atriz está usando um cachecol roxo, o continuista vai anotar esse detalhe e até fotografar a maneira como o acessório foi amarrado, para evitar que, do nada, o cachecol "suma" de cena sem nenhuma explicação.

- **Cenógrafos, decoradores, produtores de objetos** – Auxiliam na direção de arte, preparando o cenário e os objetos (*props*) que serão usados.
- **Figurinistas, camareiros, cabeleireiros, maquiadores** – Cuidam do visual de atores e atrizes.
- **Dublês** – Substituem atores e atrizes em cenas arriscadas ou, em alguns casos, polêmicas. Alguns atores usam dublês de corpo para cenas de nudez. Há até dublês de mãos!
- **Operadores** – Operam equipamentos específicos, como *steadycams* – câmeras montadas em um dispositivo que permite a quem a opera caminhar sem provocar tremores na imagem.

2.5.1 Equipe administrativa

Até agora vimos as funções relacionadas diretamente à produção, mas, para que esta aconteça, há muita gente envolvida que não aparece na tela. A equipe administrativa engloba secretários, chefes de alimentação, chefes de transporte, enfim, todas as pessoas que vão auxiliar na produção indiretamente, sem as quais as produções de filmes não seriam possíveis.

> **Importante!**
> Como tudo isso funciona em produções amadoras?
>
> Em uma produção caseira, feita por estudantes ou amadores, não parece haver uma quantidade suficiente de pessoas para todas essas funções – nem mesmo em algumas produções de baixo orçamento.
>
> Como aplicar esses princípios, então? Uma sugestão é que as pessoas que integram a equipe sejam organizadas por tarefas e responsabilidades. Uma pessoa pode assumir o papel de diretor e provavelmente será quem operará a câmera e cuidará da iluminação. Outra pessoa pode cuidar da direção de arte e procurar artefatos e locais para as filmagens, contando com a ajuda dos colegas para trazerem das próprias casas alguns itens necessários, por exemplo. Tipicamente as funções vão ficar mais bagunçadas, e até por isso é importante que seja determinado quem terá a autoridade e responsabilidade sobre cada parte do trabalho. Talvez a equipe consiga chegar a um consenso, ou talvez o consenso seja obedecer a quem ficou no papel de diretor.

É importante ter a noção de que em equipes maiores as funções ficam mais bem definidas e que essa divisão de funções é fundamental para a realização de um trabalho de qualidade, de modo que o cronograma seja cumprido e a produção seja entregue no prazo.

Síntese

Neste capítulo, vimos a quantidade de fatores que precisam ser previstos em uma produção audiovisual – alguns dos quais você provavelmente já fazia ideia que eram necessários. Também vimos as características importantes de um bom roteiro e ensinamos como fazer um planejamento adequado de tudo o que precisa ser produzido, usando *storyboards* e cronogramas. É evidente que durante uma produção, ainda mais se for amadora, acontecerão imprevistos, mas um projeto delineado auxilia na manutenção do foco da equipe e na finalização do trabalho.

Atividades de autoavaliação

1. Quais das opções a seguir não diz respeito aos fatores que devem ser considerados ao preparar o cronograma?
    a) Imprevistos climáticos.
    b) Disponibilidade de locações.
    c) Conhecimento técnico do equipamento.
    d) Disponibilidade de tempo das pessoas envolvidas.

2. Considerando a divisão em atos de um roteiro, qual opção a seguir indica apenas características do que ocorre no Ato I?
    a) Resolução da história e ponto de virada.
    b) Apresentação dos personagens e do caráter do protagonista.
    c) Apresentação dos personagens e motivação dos personagens.
    d) Motivação dos personagens e resolução da história.

3. Que tipo de plano mostra principalmente o rosto de uma atriz?
   a) Plano médio.
   b) Plano americano.
   c) Plano detalhe.
   d) Primeiro plano.

4. Qual termo designa uma câmera apontada para cima, captando a ação de baixo para cima?
   a) Geral.
   b) Normal.
   c) *Plongée*.
   d) Contra-*plongée*.

5. Qual é a função de um diretor ou diretora de arte?
   a) Cuidar da parte criativa do filme como um todo.
   b) Cuidar da parte visual, como cenários e figurino.
   c) Cuidar da iluminação.
   d) Cuidar que os objetos de cena não mudem de lugar repentinamente entre uma tomada e outra.

Atividades de aprendizagem

Questões para reflexão

1. Procure algumas cenas de produções que apresentem tomadas em contra-*plongée*. Quais são os possíveis significados que esse tipo de ângulo pode carregar?

2. Você acredita que seria possível produzir um filme ou animação sem roteiro ou *storyboard*? Conhece filmes que tenham sido feitos dessa maneira? Funcionaria para suas ideias? Por quê?

Atividade aplicada: prática

1. Você já teve alguma ideia para um produto audiovisual? Um curta? Uma animação? Chegou a hora de pôr essa ideia no papel. Escreva o argumento – que é a ideia básica, a história a ser contada. Pense em ideias originais e que possam ser executadas com o equipamento e recursos que você tiver à mão e pessoas nas quais você possa confiar. Ao escrever o argumento, pense nos "atos" que o roteiro vai ter que ter para que a história fique interessante. Com esse argumento escrito, comece a pensar em um orçamento. Anote o que você vai precisar. De quais locações? De quantos atores? Se for um filme de animação, o que você vai precisar desenhar ou modelar? Se concentre em documentar a sua ideia e ver o que precisa ser feito para transformá-la em realidade.

Produção do audiovisual

Um ditado famoso na indústria da comunicação é de McLuhan (2014), que afirma que o meio é a mensagem. A partir dessa perspectiva, sugerimos que você conheça as mídias com as quais trabalha (equipamento, meio, dispositivo) pois, estando familiarizado com um equipamento, é possível conceber melhor que tipo de obras a relação do artista e as máquinas são capazes. O meio é a mensagem porque há uma interação, um diálogo com as linguagens técnicas que emergem na relação entre artista, máquina e audiência. Os meios digitais nos familiarizaram com conceitos híbridos: serializar, duplicar, reproduzir ou clonar imagens. A era digital levou a cabo o surgimento das novas mídias, de acordo com Manovich (2006): um emoji, um meme, um bordão ou uma cena de um filme multiplicam-se em *gifs* que se replicam em nossas trocas simbólicas e interacionais, um telejornal e seus infográficos, os videogames, os filmes etc. Diversas dessas mídias são interativas, como os mapas interativos ou as lojas digitais, outras são multidispositivos (Netflix, Amazon, Spotify).

As novas mídias emergem em um contexto no qual os meios se reconfiguram, uns aos outros. E onde ficamos nessa bagunça de mídias e formatos? Ficamos no meio, e é a partir dessa posição que precisamos nos aproveitar das possibilidades, que se referem a vários aspectos da produção audiovisual tratados aqui. Podemos nos aproveitar das facilidades na divulgação de produtos audiovisuais e das mudanças tecnológicas que deixaram equipamentos mais acessíveis. Neste capítulo, tratamos sobre as consequências dessas mudanças e sobre como se aproveitar delas para a produção, tirando vantagem de técnicas antes apenas disponíveis para quem tivesse um orçamento generoso.

O que você vai aprender neste capítulo trata de várias questões, principalmente técnicas, sobre a produção de um audiovisual. Trata-se de conseguir capturar uma boa quantidade de material, com a melhor qualidade possível, para evitar problemas na etapa da pós-produção. Começaremos com dicas para a gravação, para então abordarmos questões técnicas, como escolha de câmeras, iluminação e equipamento para captação de som. Além disso, discorreremos sobre os elementos que aparecem em cena, como o cenário, os figurinos e os objetos.

3.1 Executando o planejado

Tanto em produções milionárias quanto em produções amadoras, seguir o que foi planejado é fundamental para conseguir um bom resultado. O orçamento, o cronograma, o roteiro e o *storyboard* não foram feitos à toa. A função principal da pré-produção é fazer com que a produção seja objetiva. Há espaço para a improvisação e a resolução de imprevistos, mas o ideal é que seja seguido o que foi planejado – e que o planejamento tenha sido bem feito. Então, mãos à obra!

Inicialmente, é importante que tudo o que for necessário para a gravação esteja pronto: os atores, os objetos de cena, a locação, a pessoa que irá operar a câmera, a pessoa responsável pela maquiagem, a pessoa que irá mexer nos bonequinhos – caso a produção seja uma animação *stop motion*. É essencial que os detalhes sejam combinados antecipadamente com todos da equipe, que os horários sejam verificados e um encontro seja marcado com antecedência. Em produções maiores, basta um *e-mail* ou um aviso da pessoa responsável. Em produções amadoras, nas quais geralmente contamos com a boa vontade de várias pessoas, pode ser mais complicado fazer essas exigências.

As funções de cada pessoa da equipe devem ser definidas. Além disso, é necessário que seja definido previamente se alguma pessoa terá a palavra final sobre alguma decisão que precise ser tomada. Se o planejamento tiver sido bem feito e estiver sendo seguido corretamente, basta que seja seguido o que foi planejado – e supostamente aprovado por todo mundo. Em equipes maiores há toda uma hierarquia dentro dos diferentes setores envolvidos, mas em equipes menores cada pessoa vai ficar responsável por várias tarefas, que devem ser distribuídas equitativamente para não sobrecarregar ninguém.

Tenha cuidado com o tempo! Uma cena que precise ser gravada de dia não pode demorar, senão o sol se põe. As pessoas da equipe podem ter outros compromissos, e talvez quem cedeu a locação também tenha seus limites de horário. Por isso é importante a pontualidade.

3.1.1 Algumas dicas para o momento da gravação

No momento da gravação, você deve ficar atento com algumas questões que podem dinamizar todo o processo.

- Em diálogos nos quais aparece uma pessoa de cada vez é interessante que sejam gravadas primeiro todas as falas de uma pessoa e depois todas as falas da outra pessoa, para depois serem intercaladas as falas na edição.
- O enquadramento da cena deve receber atenção especial, com cuidados em relação à composição e seguindo o que foi planejado no *storyboard*. É importante que a composição fique harmoniosa. Às vezes alguns centímetros na posição da câmera fazem muita diferença no resultado. Além disso, a gravação de alguns segundos de *roomtune* (o som do "silêncio" da locação) pode ser útil na hora da edição.
- Várias alternativas de cada tomada podem ser gravadas, para que haja opções na hora de editar o filme. É possível variar o enquadramento ou simplesmente gravar a mesma fala mais de uma vez, ou gravar toda uma cena e depois gravar um plano detalhe que não estava previsto, mas que na hora pensamos que poderia servir. A hora da edição não é simplesmente juntar tudo o que foi gravado. É interessante que você tenha opções para terminar de construir o filme.
- Pontos de corte devem receber atenção especial . Depois de uma ação, de uma fala, não pare de gravar imediatamente. A pessoa responsável pela edição do filme precisará de

uma margem de alguns segundos para estender um olhar dramático ou para não mudar de enquadramento abruptamente. Assim, devem ser gravados alguns segundos a mais antes de o diretor gritar "corta!" (Dancyger, 2007).

- O áudio deve ser captado da melhor maneira possível. Não podemos confiar totalmente no microfone embutido da câmera; é importante a utilização de microfones, gravadores ou celulares dispostos na cena ou escondidos na roupa. A claquete ou algo que faça barulho semelhante pode ser usado para indicar o ponto no qual os áudios devem ser sincronizados. O barulho da claquete – ou de uma palma – vai causar um "pico" no gráfico de som do vídeo e do áudio captado separadamente. Na edição, basta que esses "picos" sejam alinhados para sincronizar o som.
- O vestuário é importante. Algumas texturas podem causar o chamado *efeito moiré*, que causa movimentos estranhos na gravação. Assim, é preferível que os atores vistam roupas lisas ou com estampas grandes e que tudo seja testado antes da gravação.
- Tenha muito cuidado com "intrusos" na gravação, como cachorros latindo, objetos que não deveriam estar aparecendo e barulhos. Telefones celulares e tudo o que possa produzir ruídos inesperados devem ser desligados.
- Se uma ideia nova surgir, faça-a, pode ficar muito interessante. No entanto, não deixe de executar o que foi planejado.

3.2 O equipamento

É possível fazer uma produção audiovisual usando apenas um computador ou um celular. Mas é melhor quando temos acesso a equipamentos melhores.

Há vários equipamentos que não são caros e facilitam bastante o trabalho. Bastões de *selfies* e tripés para celulares ou câmeras leves são baratos. Há alguns tripés de mesa, com pés flexíveis, que são ótimos para fazer animações ou gravações. Alguns modelos de microfone também são baratos e oferecem uma qualidade melhor do que microfones de câmeras. Pesquise preços, faça testes e monte um *kit*.

Quando puder investir mais, você pode comprar uma câmera melhor e algumas objetivas que garantem uma qualidade similar à de produções cinematográficas. Também é importante pensar em equipamentos de iluminação e em um computador para editar todo esse material.

Comprado, emprestado ou alugado, é importante dominar o equipamento. Provavelmente você consiga resultados melhores com um celular que sabe usar do que com uma câmera que não conhece. Antes de filmar, é importante conhecer o equipamento, fazer testes, ler manuais. Esteja preparado, porque na hora da produção provavelmente você não terá tempo de assistir a um tutorial na internet.

3.2.1 Câmeras

A câmera é necessária na maioria dos trabalhos audiovisuais – exceto para algumas técnicas de animação. Há vários tipos de câmera.

Um fator importante a ser considerado é a resolução do equipamento. A câmera tem uma resolução para as fotografias, medida em megapixels, que não interessa para fazer gravações, e outra para filmes. A maioria das câmeras recentes grava em *full HD* (1920 pixels × 1080 pixels), o que garante uma boa qualidade. Câmeras mais antigas filmam em *HD* (1280 pixels × 720 pixels), o que é aceitável. Câmeras mais antigas ainda filmam em *VGA* (640 pixels × 480 pixels), o que representa uma perda de qualidade visível. Modelos mais modernos filmam em 4K (3840 pixels × 2160 pixels), o que pode ser até exagerado, considerando o tamanho dos arquivos.

Outra questão é o *framerate*, quantidade de quadros captada por segundo. Modelos mais recentes de câmeras chegam a 60 quadros – ou *frames* – por segundo, outros, a 30, e vários têm a opção de 24 frames por segundo. Essa última opção dá à gravação uma cara mais de cinema; 30 frames dá uma aparência de vídeos de televisão e 60 frames dá um movimento bem fluido. É importante que sejam feitos testes para verificar qual é o mais adequado.

Lembre-se de verificar as configurações da câmera. Imagine ter gravado boa parte do material e descobrir que a resolução estava baixa quando já era tarde demais. Também é importante que seja mantido um padrão ao longo de todas as gravações.

3.2.1.1 Câmeras e aplicativos de celular

A câmera de um aparelho celular está sempre conosco. A principal vantagem é que, além de estar presente no dia a dia, ela está acoplada a um poderoso dispositivo de computação – o aparelho celular. Com isso, é possível baixar aplicativos para ampliar as funcionalidades da câmera, facilitar o processo de fazer uma animação *stop motion*, editar o filme no próprio celular e até servir para captar áudio.

O fato de esse tipo de câmera ter um computador junto a ela possibilita recursos como gravar em câmera lenta e captação de *time-lapses* – filmes cujos quadros são captados em intervalos de tempo maiores, para mostrar em alguns segundos processos que levam horas, dias ou meses.

As limitações se devem ao próprio tamanho da câmera: em geral, a objetiva é fixa, grande-angular, e não tem *zoom* ótico – e sim *zoom* digital, que não tem qualidade suficiente; é um recorte da imagem total. Além disso, devido ao tamanho do sensor da câmera, a profundidade de campo não pode ser reduzida o suficiente para se conseguir fundos bem desfocados, por exemplo.

Outro problema é que configurações como foco e balanço de branco podem mudar constantemente. Alguns aplicativos, como o Filmic Pro, permitem fazer esses ajustes com mais precisão.

Por último, considere que se trata de um objeto pessoal. Pode ser constrangedor que seja recebida uma mensagem pessoal enquanto outra pessoa está operando o aparelho.

Luz, câmera, reflexão!

DÉTOUR. Direção: Michel Gondry. França, 2017. 11 min. Disponível em: <https://vimeo.com/265246568>. Acesso em: 11 out. 2019.

Détour é um filme feito pelo diretor francês Michel Gondry (conhecido por dirigir alguns clipes musicais e filmes), realizado completamente com um iPhone. Gondry é conhecido pelo uso criativo de técnicas de *stop motion* e por efeitos especiais que se importam menos com o realismo do que com a diversão de quem os realizou e de quem os assiste.

Aproveite para observar pontos interessantes no curta, como o uso do celular para a animação *stop motion* da abertura, a dramaticidade da câmera lenta na cena do rio e o uso de *time-lapse* para causar um efeito humorístico na cena em que a van é carregada.

3.2.1.2 Câmeras amadoras

Um aparelho dedicado exclusivamente a fotografar e filmar apresenta algumas vantagens em relação à câmera do celular. Por exemplo, em câmeras amadoras os sensores podem ser maiores, garantindo-se uma qualidade de imagem melhor – ainda que com a mesma resolução de um celular. Elas também têm conjuntos de objetivas maiores, e muitas contam com *zoom* ótico – no qual a imagem é "aproximada" por meios óticos, sem perder qualidade.

3.2.1.3 Câmeras esportivas

Câmeras esportivas são pequenas, projetadas para serem usadas acopladas a capacetes, guidões de bicicletas e até drones (Figura 3.1). Costumam ter uma objetiva grande-angular e ser leves. São usadas em várias produções de televisão, pelo tamanho e pela praticidade, para alternar tomadas mais "comuns" com outro tipo de imagens. Não se destacam pela qualidade, e sim pela praticidade.

3.2.1.4 Câmeras DSLR e *mirrorless*

As câmeras reflex (SLR, *single lens reflex*) são câmeras que existem há décadas. Elas se caracterizam pela presença de um espelho que faz com que a imagem do visor seja captada pela objetiva da câmera, garantindo que a imagem captada seja a mesma que a visualizada. Sensores digitais substituíram o filme – e acrescentaram a letra "D" à sigla SLR –, e posteriormente foi acrescentado um segundo sensor que permitiu a captação de vídeos.

Essas câmeras são maiores e têm sensores também maiores, que possibilitam um desfoque seletivo, graças a um maior controle da profundidade de campo. Na prática, podemos conseguir desfocar o fundo dos objetos, o que gera uma imagem similar à do cinema.

Mais recentemente, surgiram câmeras também com sensores grandes, mas sem o sistema de espelho, as chamadas *mirrorless*. São câmeras pequenas, com qualidade de imagem equivalente às DSLR.

Câmeras desses tipos geralmente têm entradas para microfones externos, encaixe para *flash* – que pode ser usado para encaixar uma luz de LED ou um microfone – e objetivas intercambiáveis.

3.2.1.5 Objetivas

Mais conhecida como *lente* – apesar de o termo não ser o correto, pois uma objetiva é um conjunto de lentes –, objetiva é a parte ótica da câmera. Toda câmera tem uma objetiva – a exceção está nas do tipo *pinhole*, câmeras que em vez de uma objetiva têm uma tampa com um furo minúsculo. As DSLR e as *mirrorless*, assim como câmeras para cinema, geralmente têm objetivas intercambiáveis.

Há vários tipos de objetiva. Elas podem ser classificadas pela distância focal: as normais, cujo ângulo de visão parece o da visão humana; as grande-angulares, com um ângulo mais aberto, e as teleobjetivas, mais "fechadas". Há objetivas fixas, cuja distância focal não varia, e objetivas *zoom*, que têm uma distância focal variável – e permitem o uso do *zoom*.

As objetivas também podem ser claras ou escuras. O termo se refere à abertura máxima que

Figura 3.1 – Câmera acoplada em um *skate*

Golubovy/Shutterstock

elas permitem. Uma objetiva de abertura máxima f/2 é mais "clara" do que uma objetiva de abertura máxima f/4. A abertura de uma objetiva influencia na quantidade de luz que ela pode captar, permitindo gravar em situações com menos luz, e na profundidade de campo. Quanto maior a abertura usada, menor a profundidade de campo.

Mesmo com objetivas mais econômicas, como as que costumam vir nos *kits* básicos das DSLRs, é possível conseguir efeitos interessantes.

Em celulares, é possível usar lentes que dão efeitos de olho-de-peixe ou grande-angular.

É um equipamento barato, porém de baixa qualidade. Mesmo assim, pode ser interessante considerar o uso desse aparelho.

3.2.2 Microfones e gravadores

As câmeras têm microfones embutidos que são projetados para captar o som do que acontece na frente delas. Porém, talvez não seja isso que precisamos. Nesse caso, pode ser interessante utilizar microfones adequados para cada finalidade. Há aparelhos que gravam áudio de alta qualidade e que já vêm com microfones embutidos, de qualidade maior que os das câmeras. Veremos isso mais adiante.

3.2.3 Iluminação

Há vários dispositivos para iluminação, que podem ser úteis principalmente para montar um pequeno estúdio – para gravar vídeos para a internet, por exemplo. Também é possível trabalhar com soluções "caseiras", como abajures e com luz natural. Vamos abordar esses equipamentos mais adiante.

3.2.4 Tripés

Há vários tipos de tripés e outros dispositivos similares. Procure o que for mais adequado ao orçamento e as suas necessidades. Observe que o tripé precisa ser proporcional ao equipamento que ele vai segurar. Tripés econômicos podem aguentar um celular ou uma câmera compacta, mas não arrisque usar um tripé desses para segurar uma DSLR pesada – e cara. O barato pode sair muito caro.

Para produções de *stop motion*, pode ser utilizado um tripé de mesa com pés flexíveis. Eles têm em torno de 15 cm de altura e são fáceis de manipular.

Dependendo do tamanho da produção também são usados pequenos trilhos para fazer *travellings* e outros movimentos de câmera. Também podem ser usadas gruas, que são similares a guindastes, para fazer tomadas do alto.

3.2.5 Ilha de edição (computador)

O computador é usado para várias tarefas na produção audiovisual. Para escrever roteiros, fazer pesquisas e divulgar o filme na internet. Também é a principal ferramenta na pós-produção, pois é nele que são editadas as imagens e o som da produção. No caso da animação, provavelmente toda a produção seja feita no computador.

> **Preste atenção!**
> Preciso de um computador *top* de linha?
>
> Um computador possante facilita o trabalho, mas é possível realizar trabalhos de animação e edição em qualquer computador. Um bom processador é fundamental. É possível instalar mais memória RAM e discos rígidos maiores, para mais espaço de armazenamento e de trabalho.
>
> Se o computador não for tão possante, tente usar versões de *software* mais antigas, que exigem menos poder de processamento. O importante é ter um ambiente para trabalhar com conforto, tanto com um computador que permita trabalhar sem interrupções quanto com uma cadeira e mesa que permitam uma postura adequada. *Mouse* e teclado também são importantes. Para trabalhar com animação, o uso de uma mesa digitalizadora – uma superfície na qual é possível usar uma caneta especial como se fosse um *mouse* – pode ser interessante.

3.2.5.1 Monitores

Um recurso relativamente econômico com várias vantagens é o uso de vários monitores. Antes dos monitores com proporção *widescreen* – mais largos –, era comum nas ilhas de edição o uso de dois monitores um ao lado do outro, para que fosse possível uma melhor visualização da linha do tempo dos programas de edição. Um monitor maior pode ser útil, por exemplo, para complementar a tela pequena de um *laptop*.

3.2.5.2 *Back-up*

É importantíssimo que haja algum sistema de cópias de segurança do trabalho. Todo disco rígido está fadado a falhar. Além disso, pode acontecer de arquivos sumirem, de um disco ser formatado acidentalmente, entre outros problemas. Se isso acontecer, é desejável ter uma cópia de segurança da sua produção. De preferência, mais de uma, e em lugares diferentes.

Na produção de *Toy Story 2* (1999), um funcionário executou um comando que apagou todas as pastas. As cópias de segurança estavam corrompidas, e a que poderia ser usada estava defasada em dois meses. A equipe demoraria um ano para se recuperar, se não fosse por Galyn Susman, uma diretora técnica, que tinha cópias mais recentes em casa (Lippe, 2017).

3.3 Equipamentos e técnicas de iluminação

Uma boa fotografia não depende só da câmera e de quem a opera. Uma boa iluminação pode ajudar, e muito. A iluminação não serve apenas para conseguir gravar cenas em lugares escuros; ela faz parte da linguagem. É possível usar a luz para ressaltar objetos, para dar um clima diferente à cena, para ajustar as cores, entre várias outras possibilidades.

Há vários equipamentos para iluminar. Os mais populares são as *sunguns*. O termo é usado para vários tipos de iluminação, mas as mais populares são de LED, que podem ser acopladas à parte superior da câmera (Figura 3.2). É possível usar filtros para deixar a luz mais difusa, ou com alguma cor.

Outro equipamento para iluminação é o *softbox* (Figura 3.3). Ele tem uma lâmpada, cuja luz é refletida por uma superfície prateada. Contém dois difusores, um próximo à lâmpada e outro cobrindo a superfície refletiva, que podem ser retirados para deixarmos a luz mais ou menos difusa – e as sombras mais ou menos definidas.

Também é possível que sejam utilizados rebatedores, que são superfícies refletivas prateadas ou douradas – ou até mesmo uma placa de isopor branco – que servem para rebater a luz e iluminar o objeto principal.

Figura 3.2 – Câmera DSLR com microfone *shotgun* **e** *sungun* **acoplados**

Figura 3.3 – *Softbox*

Há vários outros tipos de equipamentos, mas lembre-se de que é possível improvisar. Visite uma loja de ferragens para ver opções de iluminação econômicas. Na internet há várias instruções de como fazer *softboxes* e outros equipamentos. Saiba aproveitar a luz natural de janelas, use lanternas e abajures, e até as lanternas dos celulares.

Na hora da produção, lembre-se de levar extensões e confirmar se haverá disponibilidade de energia elétrica.

Uma técnica básica de iluminação, muito usada para gravação em estúdio e para vídeos da internet, é a iluminação de três pontos. Nessa técnica, é utilizada uma luz vinda da lateral como iluminação principal. Além da luz principal, é usada a luz de preenchimento, também lateral, aplicada para criar contrastes. O fundo também é iluminado, com a chamada *contraluz* para ajudar a separar o fundo do objeto principal. Essa técnica é interessante para começarmos a explorar diferentes combinações de luz de acordo com o efeito desejado.

Na animação *stop motion* também é importante pensarmos em iluminação. Afinal, também são objetos que precisam ser iluminados com tanto cuidado como uma atriz de cinema.

3.4 Captação de som

É importante procurarmos a qualidade não só na imagem, mas também no áudio. Um som malcaptado denuncia, às vezes mais do que a imagem, uma produção malfeita.

Dependendo do tipo de produção, podemos não nos preocupar com a captação de som. Uma animação provavelmente será dublada e terá o áudio editado depois. Uma cena sem falas, só com trilha sonora, não precisa ter o som captado. Mas cenas com diálogos e outro tipo de efeitos sonoros precisam de cuidados. O mais prático é fazer a captação direta, para evitar dublagens posteriores.

O ideal é que sejam utilizados microfones apropriados. Câmeras e celulares têm microfones embutidos, mas eles são projetados para captar o que acontece na frente da câmera. Nisso, eles captam mais do que desejamos. Junto das falas dos atores vêm sons do ambiente, por exemplo.

3.4.1 Tipos de microfone

Para conseguir uma captação boa, podemos usar vários tipos de microfones. Vamos ver alguns deles.

3.4.1.1 Microfone direcional

Capta o som vindo de uma direção específica. Um exemplo é o microfone usado tradicionalmente em eventos, por apresentadores ou cantores, que capta apenas o som do espaço ao qual ele direciona.

Outros exemplos de microfone direcional são o *shotgun* (Figura 3.2) e o *boom* (Figura 3.4), os quais são projetados para serem usados a uma distância maior da fonte de som, mas mantendo a direcionalidade da captação do áudio. O *shotgun* costuma ser usado na própria câmera, substituindo o microfone embutido. Já o *boom* costuma ser usado por cima das pessoas que aparecem em cena – com o devido cuidado para ele não apareça no enquadramento; é um deslize bem comum, inclusive em produções de Hollywood!

Em ambientes externos, com ventania, esses microfones podem ser cobertos com espuma ou materiais peluciados, apelidados de Priscila, em homenagem à cadela de pelo longo, da raça Old English Sheepdog, da TV Colosso, um programa infantil dos anos 1990.

Figura 3.4 – Operador de som usando um microfone *boom* com uma "Priscila"

3.4.1.2 Microfone onidirecional

O microfone onidirecional capta o som em um espaço esférico ao redor do microfone. Pode ser usado para captar som ambiente, por exemplo.

3.4.1.3 Microfone de lapela

O microfone de lapela é aquele típico de programas de televisão, instalado na gola ou na lapela da pessoa entrevistada. É um tipo de microfone onidirecional, por isso não é adequado para lugares com muito ruído ambiente. Devemos ter o cuidado de escondê-lo de modo que não apareça ou tenha a captação de som prejudicada. Há modelos com fio bem econômicos.

3.4.2 Gravadores de som

Gravadores de som são aparelhos portáteis, dotados de microfones e conexões para microfones, cuja única função é gravar som de qualidade. Não devem ser confundidos com gravadores de voz normais usados para gravar entrevistas e que não têm qualidade suficiente.

3.4.3 Celulares

Novamente os computadores de bolso podem salvar a gravação, pois os celulares têm mais de um microfone; o microfone utilizado para captar a voz em ligações geralmente tem uma qualidade melhor do que aquele próximo à câmera. É possível então utilizar celulares como gravadores de som. Por exemplo, eles podem ser escondidos no bolso de uma camisa, próximo ao rosto dos atores. Também podem ser conectados a um microfone de lapela, como uma alternativa barata a microfones de lapela sem fio ou para evitar o uso de cabos muito longos.

O único problema é sincronizar o som com a imagem. Para isso serve a claquete ou o som de um único bater de palmas. Um barulho intenso como esse vai ser bem visível no gráfico de som. Basta alinharmos esse "pico" do som captado pelo celular ou por outro gravador com o som captado pela câmera. É importante que aprendamos a fazer essa sincronização com antecedência para garantir bons resultados na hora da edição.

3.4.4 Outros sons

Não precisamos somente de diálogos. Sons também contam uma história. Na edição de som, podemos querer ressaltar um barulho banal, como o de um copo sendo apoiado em uma mesa, e suprimir um ruído que incomoda, como o de uma cadeira sendo arrastada ou de um cachorro latindo. Às vezes um som precisará ser acrescentado, como o de um leve esfregar de uma roupa. Esses detalhes são preciosos. O importante, assim como nas imagens, é termos material para editar.

Um som importante é o do silêncio – ou do que supostamente deveria ser silêncio. Nenhum ambiente vai ser completamente silencioso. Por mais que ninguém esteja emitindo ruído algum, sempre há barulhos mínimos que vão reverberar no ambiente. Esse ruído é chamado *room tone*, que é diferente em cada ambiente. É importante gravar pelo menos 30 segundos de *room tone*, utilizando os mesmos microfones que serão usados na captação de som. Isso pode ser muito útil na edição final, para substituir ruídos indesejados ou sonorizar momentos sem diálogos. Não é possível simplesmente eliminar o som, pois isso contrastaria demais com o *room tone* presente no áudio captado.

Não se deve confundir o *room tone* com o *background audio*. Também chamado, inclusive no Brasil, de *background*, trata-se de barulho e ruídos típicos de um ambiente, que podem ser gravados separadamente. Uma cena em um bar, por exemplo, pode ser captada com os figurantes em silêncio, e depois acrescida de ruídos de copos, música, murmuros etc.

Na animação, todo o áudio será criado em estúdio, então a edição será feita de outra maneira, com a combinação de dublagens, efeitos sonoros e trilhas no momento da edição ou a gravação das dublagens antes de animar os personagens.

Uma última questão importante é a trilha sonora. Além dos cuidados na escolha, considere possíveis problemas com direitos autorais. Usar músicas protegidas pelas leis de direitos autorais pode até ser tolerado em produções mais "caseiras", mas o correto é verificar a licença de uso das trilhas. Há várias trilhas e efeitos sonoros disponíveis, de uso livre e gratuito. Também é possível que alguém componha uma trilha original para seu filme. Verifique as condições e exigências dos músicos, para evitar problemas.

3.5 Figurino, locação e produção de cena

Ensinamos várias técnicas para iluminar, captar o som e filmar objetos e pessoas. Agora comentaremos sobre, justamente, os próprios objetos e as próprias pessoas.

É possível fazer uma produção mais despojada, simplesmente utilizando uma câmera e alguns microfones e gravando pessoas com as roupas que estiverem usando e no lugar que elas estiverem. Isso é adequado para produções mais jornalísticas e documentários, mas em curtas de ficção, ainda que amadores, é uma chance desperdiçada de contar histórias e construir personagens com objetos de cena, cenário e roupas.

Aqui a dica é seguir o planejado. Confirme se será de fato possível usar a locação. Anteriormente sugerimos que os próprios atores forneçam as roupas; nesse caso, lembre-os de levar as peças, nas mesmas condições que foram usadas na gravação. Alguém da equipe deve ficar responsável pelo figurino.

Outra pessoa pode ficar responsável pelo cenário. Ainda que não sejam construídos cenários específicos – em algumas produções multimilionárias são construídos *sets* de filmagem enormes, do tamanho de ruas inteiras –, será necessário organizar a locação. Talvez seja importante trocar algum móvel de lugar – e colocá-lo de volta ao terminar a gravação, para não incomodar os moradores – levar objetos, liberar espaço para a equipe e seus equipamentos, entre outras tarefas.

Tome o cuidado de ter todos os objetos necessários para a cena. Cuide da disposição deles, para que nenhum "pule" magicamente entre uma tomada e outra.

Síntese

Neste capítulo, vimos que a etapa da produção pode ser cansativa, mas, além disso, pode ser divertida, se tomados os devidos cuidados na preparação – tanto na escrita do roteiro quanto na preparação dos equipamentos e objetos necessários.

Essa preparação inclui saber usar os equipamentos, assim como as limitações deles. Faça testes, leia os manuais, procure tutoriais. Mantenha uma consistência nas configurações da câmera (recurso de balanço de branco, foco, abertura, entre outros) e da iluminação. Anote a posição de lâmpadas, condições de luz, microfones usados, configurações de equipamentos, roupas... enfim, tudo o que for necessário repetir da mesma maneira em outro momento da produção. Organização é a palavra-chave ao longo de todo o processo, mas principalmente na etapa da produção.

Atividades de autoavaliação

1. Qual alternativa indica uma vantagem exclusiva de uma câmera DSLR?
    a) Portabilidade.
    b) Leveza.
    c) Profundidade de campo.
    d) Conexão com a internet.

2. Qual é uma das utilidades de uma claquete?
    a) Produzir um ruído para sincronizar o áudio que for gravado separadamente do vídeo.
    b) Chamar a atenção da equipe.
    c) Manter uma tradição do cinema.
    d) As claquetes não são mais usadas na produção de vídeo.

3. Qual a utilidade do tecido que cobre um *softbox*?
    a) Proteger a lâmpada.
    b) Evitar queimaduras.

c) Diminuir a quantidade de luz.
d) Deixar a luz mais difusa.

4. Que tipo de microfone é um *boom*?
   a) Direcional.
   b) Onidirecional.
   c) Difuso.
   d) Sem fio.

5. O que é *room tone*?
   a) Um teste de microfones.
   b) O ruído de um microfone em um cenário silencioso.
   c) O som captado por um microfone onidirecional, complementar aos microfones de lapela e *booms*.
   d) O som captado pelo microfone em um cenário silencioso.

Atividades de aprendizagem

Questões para reflexão

1. Considerando o curta *Détour*, de Michel Gondry, indicado na seção "Luz, câmera, reflexão!" deste capítulo, você acha que o equipamento profissional é assim tão necessário para a produção de um audiovisual? O curta teria ficado melhor se em vez de celulares tivesse sido filmado com outro tipo de câmera? Você conseguiria resultados similares?

2. Liste o equipamento que você possui. Em seguida, faça um orçamento do equipamento que você considera ideal para suas produções. Quanto dinheiro você precisaria gastar? O que você não conseguiria produzir se não conseguisse ter o equipamento desejado?

Atividade aplicada: prática

1. Neste capítulo, discorremos sobre a importância de conhecer o equipamento necessário para produzir um material audiovisual. Não importa se é uma câmera DSLR ou um celular. A ideia aqui é você produzir imagens para saber as possibilidades e os limites do seu equipamento. Filme uma cena com muita luz e outra com pouca. Filme de perto e de longe. Teste os recursos de *zoom*. Se estiver usando um celular, procure algum aplicativo que amplie as funções da câmera – há alguns com versões de demonstração gratuitas. Teste o som. Use coisas transparentes para testar efeitos, como lupas e papéis celofane coloridos. Experimente diferentes filtros. Enfim, brinque e se divirta. Talvez você queira aproveitar para contar uma história, fazer um pequeno curta de um minuto. Faça isso e mostre para seus amigos.

Técnicas de animação

Até recentemente vista como algo para crianças, a animação é parte importante da chamada *sétima arte*. Ela permite outros tipos de linguagem, além de uma liberdade maior para a representação de fatos difíceis de serem reproduzidos com atores.

Neste capítulo, abordaremos alguns aspectos da produção de projetos audiovisuais fundamentados na animação. Iniciaremos com os 12 princípios da animação, que servem para analisar e entender a linguagem desta e os recursos que a diferenciam do cinema *live-action*. Para dar uma ideia de como as técnicas de animação exigem conhecimentos e truques específicos, mostraremos como fazer uma animação de caminhada e corrida. Pensando em técnicas mais acessíveis, apresentaremos os princípios e algumas dicas da animação *stop motion*, feita com objetos manipulados manualmente, que podem ser adequados para quem pretende trabalhar com animação mas não se sente seguro para usar desenhos ou técnicas de modelagem 3-D. Por último, apresentaremos algumas ferramentas usadas no cinema de animação.

4.1 Os 12 princípios da animação

Ollie Johnston e Frank Thomas eram animadores dos estúdios Disney durante o auge da animação estadunidense – entre os anos 1930 e 1960. Em 1981, lançaram o livro

The Illusion of Life: Disney Animation, cujo terceiro capítulo agrupa as principais técnicas de animação em 12 princípios, que se tornaram referência para quem pretende trabalhar com animação. É possível rastrear esses princípios nos exageros de atuação propostos por Charlie Chaplin na época do cinema mudo e adotados por Otto Messmer para o desenho *Gato Félix*. Os princípios foram surgindo, sendo estudados aos poucos e finalmente consolidados como 12 (Lucena Junior, 2001).

Essas técnicas não surgiram necessariamente para causar efeitos cômicos, mas depois foram aproveitadas para fins engraçados como nos desenhos animados dos personagens Pernalonga, Patolino e Tom e Jerry (Lucena Junior, 2001).

Esses 12 princípios são um ótimo resumo de técnicas para a obtenção de uma animação mais interessante. A ideia é compensar os recursos que a animação não tem com o exagero nas ações, de maneira que fiquem mais "realistas" – ainda que seja a realidade do mundo no qual a animação se passa. É importante também que os objetos e personagens representados passem a sensação de ter volume e serem feitos de algum material.

A maioria dos exemplos aqui apresentados surgiram na animação tradicional, desenhada, mas considere-os ao usar outras técnicas de animação, como o *stop motion*, ou quando estiver fazendo animação usando algum programa de computador. Vamos a eles!

4.1.1 Comprimir e esticar

Uma filmagem em alta velocidade de uma bola quicando mostra como ela se deforma ao atingir uma superfície e como se estica ao se distanciar desta em alta velocidade. Na animação, é interessante exagerarmos esse efeito e deixá-lo mais lento. Dessa maneira, os objetos e personagens ganham massa, volume e peso. Aplique esse princípio em outras situações, inclusive em expressões faciais.

4.1.2 Antecipação

Antes de chutar uma bola, mexemos a perna na direção oposta, para que o chute seja mais forte. Se vemos um personagem recolhendo a perna, já criamos uma expectativa de que a bola vai ser chutada.

A representação de movimentos como esse dá uma pista do que vai acontecer, fazendo com que a pessoa que assiste à animação crie uma expectativa que ajudará com que ela entenda o que vai acontecer.

4.1.3 Encenação

Cuide para que o que está acontecendo seja representado da maneira mais clara possível. Represente todas as partes dos objetos e personagens necessárias para o entendimento da ação. Ao conceber a cena, pense de qual ângulo ela ficaria mais clara. Uma maneira de testar a qualidade da "encenação" é usando sombras. Assim, com uma boa "encenação", a cena deve ficar compreensível somente com a silhueta do desenho (Figura 4.1).

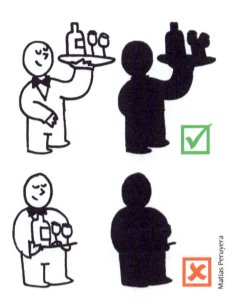

Figura 4.1 – Exemplo do princípio da encenação

4.1.4 Animação direta ou animação pose a pose

Há duas maneiras de se criar uma cena: animação direta, quando vamos definindo cada um dos quadros da ação até chegarmos ao quadro final; e animação pose a pose, em que primeiro planejamos quais são as posições e os quadros principais (*keyframes*) e depois são animados os quadros intermediários.

4.1.5 Continuidade e sobreposição

Partes de um mesmo objeto podem se comportar de maneiras diferentes, como a cabeça e o cabelo, ou uma heroína e sua capa. Represente a materialidade de cada elemento: um tecido se movimentando com o vento, uma borracha mais elástica do que de costume ou algo de metal que se comporte como se fosse de borracha. A ideia é exagerar o movimento, sem se preocupar tanto em como esse objeto ou material se movimentaria na realidade. Considere também a materialidade e o comportamento de cada parte que está sendo animada. Por exemplo, se a cabeça de um personagem parasse de se movimentar, a inércia faria com que cabelo continuasse se mexendo; represente essa diferença de movimentos.

4.1.6 Aceleração e desaceleração

Quando vamos rebater uma bola de tênis, a velocidade da raquete vai aumentando para que o impacto também aumente. Quando vamos fazer algo que exige mais precisão, como apertar um botão, nossa mão começa a se mexer mais rápido e vai desacelerando para poder fazer movimentos mais precisos, necessários para apertar o botão certo. Ao animar uma cena, é importante representar essa variação de velocidade, para que o movimento fique mais natural. Esse princípio também pode – ou deve – ser aplicado em animações em *stop motion*. Para representar um movimento mais acelerado, vamos aumentar a distância entre os desenhos ou a posição dos objetos. Para um movimento desacelerado, as posições vão se aproximando (Figura 4.2).

4.1.7 Arcos

Muitos movimentos da vida real são realizados ao redor de um eixo, resultando em uma forma de arco. A representação e objetos se mexendo dessa forma colabora para que o movimento seja natural, mas também um pouco exagerado – consequentemente, mais perceptível (Figura 4.3).

4.1.8 Ações secundárias

Nunca estamos fazendo uma única coisa. Se estivermos nos equilibrando em uma corda, provavelmente vamos fazer caras de medo e preocupação. Enquanto um copo cai, a água vai fazer outro movimento. Considerar o que está acontecendo simultaneamente dá mais naturalidade à cena e a deixa mais rica.

4.1.9 Tempo

É importante controlar o tempo através da quantidade de quadros entre uma ação e outra. Quanto mais quadros forem criados, mais lento o movimento parecerá na animação.

4.1.10 Exagero

Vários dos princípios de animação trabalham com a ideia de exagero: nos movimentos, na antecipação, na aceleração, na deformação dos materiais. Exagere também nas expressões faciais, para que sejam perceptíveis (Figura 4.4). Isso é válido tanto para obter um efeito cômico que para expressar seriedade.

Figura 4.2 – Aceleração e desaceleração

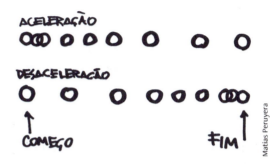

Figura 4.3 – Exemplo de movimento em forma de arco

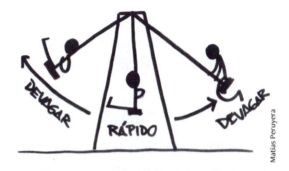

Figura 4.4 – Uso de exagero nas expressões faciais

4.1.11 Sensação de volume

O princípio da sensação de volume se une a outros para tornar a animação mais próxima da realidade. O objeto ou personagem precisa ser percebido como se tivesse volume. Criar uma diferença entre a figura principal e o fundo pode ser uma maneira de passar essa sensação.

4.1.12 Apelo

Os personagens – e também os cenários e objetos – precisam ter personalidade, carisma, gerar empatia, causar uma identificação e despertar sentimentos em quem está vendo a animação. Inclusive os vilões. Isso pode ser obtido com um bom desenho, com um personagem "bonito" (entre aspas, porque há várias maneiras de sê-lo), mas também com outros fatores como roteiro e dublagem. Pense nas características que fazem que seus personagens favoritos – não só de animação, mas também de livros, seriados, filmes – sejam memoráveis.

4.2 Caminhadas e corridas

Richard Williams, responsável pelas animações de *Uma cilada para Roger Rabbit* (1988), menciona uma frase do animador Ken Harris, a quem ele considera seu mestre: "A caminhada é a **primeira** coisa a se aprender. Aprenda caminhadas de todos os tipos, porque elas são provavelmente as coisas mais difíceis de se fazer de forma correta" (Williams, 2016, p. 102, grifo do original).

A animação tem vários truques e técnicas. Várias dessas técnicas consistem na observação de como as pessoas, os animais e até os objetos se movimentam. Pessoas e animais têm esqueletos, objetos têm articulações e mecanismos e inclusive animais como minhocas podem ser pensados como tendo algum tipo de estrutura móvel que vai determinar os movimentos deles.

Para preparar os personagens para serem animados, é preciso pensar como vai ser esse "esqueleto" que vai servir de base para animá-los. Imagine que eles vão ter ossos e articulações, ainda que não sejam humanos, ou que sejam seres invertebrados (Figura 4.5). Esse método, conhecido como *rigging*, pode ser usado em técnicas de animação manuais ou digitais, tanto bidimensionais como tridimensionais.

Assim que tiverem sido definidos os esqueletos dos personagens, iniciam-se as técnicas de animação. Para uma breve introdução a essas técnicas vamos analisar, seguindo o conselho de Ken Harris, dois métodos para animações básicas: o caminhar (*walk cycle*) e o correr (*run cycle*). Ambos são compostos de quatro quadros principais, aos quais podem ser acrescentados quadros intermediários para se conseguir uma animação mais fluida.

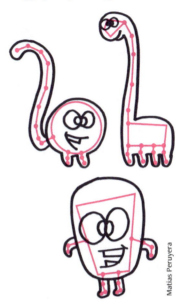

Figura 4.5 – Exemplo de uso da técnica de *rigging* em personagens

Matias Peruyera

4.2.1 Walk cycle

O *walk cycle* ou ciclo de caminhada é composto de quatro posições básicas do personagem (Figura 4.6):

1. **Contato do pé com o solo (*contact*)** – O pé da frente começa a pisar o chão.
2. **Descida (*down* ou *recoil*)** – O pé da frente está completamente em contato com o chão e suportando o peso do personagem, o qual vai ficar um pouco mais abaixo do que no passo anterior – na animação é interessante exagerarmos os movimentos.
3. **Passagem (*passing*)** – A perna que estava atrás passa à frente da outra.
4. **Subida (*up*)** – A perna que ficou para atrás está esticada, enquanto a outra está se preparando para entrar em contato com o chão.

Figura 4.6 – As quatro posições do *walk cycle*

Os passos do ciclo de caminhada são quatro, mas recomendamos elaborar oito desenhos: quatro para quando uma perna do personagem estiver à frente e outros quatro para quando a outra perna estiver à frente. Esses oito desenhos já passarão a impressão de que o personagem está caminhando, mas pode ser necessário refinar a transição entre quadros, desenhando quadros intermediários.

4.2.2 *Run cycle*

E se o personagem estiver com pressa? Aí entra o *run cycle* ou ciclo de corrida. Assim como o ciclo de caminhada, tem quatro passos (Figura 4.7):

1. **Contato do pé com o solo (*contact*)** – Posição similar à caminhada, mas apresenta as pernas do personagem mais abertas.
2. **Passagem (*passing*)** – Enquanto o pé de uma perna pisa o chão, o joelho da outra já vai passando à frente.
3. **Pulo (*kickoff*)** – A perna que estava pisando o chão impulsiona o corpo do personagem para cima, enquanto a outra perna chega na frente, com o joelho flexionado.
4. **Subida (*up*)** – Assim como na caminhada, o corpo atinge sua posição mais alta, só que desta vez nenhum pé está em contato com o chão.

Figura 4.7 – As quatro posições do *run cycle*

Matías Peruyera

Novamente oito desenhos devem ser feitos, quatro para cada perna. Também podem ser desenhados quadros intermediários, para se conseguir uma animação mais fluída.

4.2.3 Animando diferentes atitudes da caminhada

Além das posições básicas da caminhada, Williams (2016) e Whitaker e Halas (1981) dissertam sobre outros fatores que devem ser levados em consideração ao animarmos um personagem que está andando ou correndo.

A maneira que um personagem caminha tem a ver com a personalidade dele. Um personagem confiante vai expressar isso ao caminhar com passos decididos, com a cabeça alta, estufando o peito. Um personagem inseguro vai caminhar encolhido, com passos tímidos, ocupando pouco espaço sobre o solo. Personagens mais corpulentos vão depositar o peso do corpo a cada passo, enquanto personagens mais magros expressam leveza ao caminhar. Cada um desses tipos vai caminhar com um certo ritmo. Para essas características funcionarem, lembre-se do princípio do exagero.

O *walk cycle* e o *run cycle* fornecem uma ideia do quanto as técnicas de animação podem ser complexas. Considere-as um ponto de partida para analisar outros movimentos e descobrir como animá-los.

4.3 *Stop motion*

Desenhar ou fazer modelos em 3-D não são as únicas maneiras de fazer animação. Também podemos produzir animações com objetos reais ou esculturas em massa de modelar, fotografando-as quadro a quadro. É a chamada animação *stop motion*, cuja origem remonta ao começo do cinema. A famosa lua de George Méliès, do filme *Viagem à lua* (1902), foi animada quadro a quadro. Atualmente a técnica é usada para animar curtas e longa-metragens, inclusive em projetos de grande sucesso comercial, como *O estranho mundo de Jack* (1993) e *Coraline* (2009).

Os princípios da animação *stop motion* são os mesmos da animação tradicional, mas em vez de desenhos ou modelos digitais, são usados bonecos e/ou objetos que serão fotografados em posições levemente diferentes, de modo que quando as fotografias forem reproduzidas na sequência elas sejam percebidas como um movimento constante.

Um projeto como *Coraline* ou *Fuga das galinhas* (2000) pode demorar vários anos para ser executado. Os cenários precisam ser planejados e iluminados de maneira similar a um filme com atores, ainda que possivelmente em uma escala reduzida. É necessário produzir bonecos para cada personagem. Em *Fuga das galinhas*, foram feitos bonecos de dois tamanhos – uns de aproximadamente 10 cm de altura e outros, de 20 a 30 cm, para serem usados em planos mais abertos e mais fechados (Sibley, 2000). Assim, cada boneco precisa ter algumas dezenas de cabeças ou rostos intercambiáveis, que correspondem a diferentes expressões faciais ou movimentos de fala.

O animador Rodolfo Sáenz Valiente (2011) fornece várias dicas preciosas e técnicas para a construção dos bonecos de forma que eles sejam ao mesmo tempo flexíveis e articulados, para facilitar a manipulação, e também resistentes, para aguentarem até o final de um projeto. O ideal é que tenham uma estrutura de arame ou metal articulado, que será coberto com materiais flexíveis.

Depois de terem sido produzidos os cenários e os bonecos, vem o momento de captação das imagens: fotografa, mexe os elementos um pouquinho, fotografa, mexe mais um pouquinho, troca um rosto, mexe um pouco, troca o rosto, e assim até que seja finalizado um movimento. Parece fácil? Pense que para cada segundo da animação é preciso de 12 a 24 fotos. Continua parecendo fácil?

Ao mesmo tempo que parece – e é – um trabalho difícil, a técnica de *stop motion* pode de ser realizada com muito menos recursos do que uma animação bidimensional. É possível fazer animações com brinquedos ou objetos do dia a dia. Um brinquedo pode não ter articulações ou um rosto modificável, mas uma simples mudança de posição do objeto já fornece a ideia de que ele está se movimentando. Os cenários podem ser fundos de cartão pintados ou feitos com outros brinquedos. Ou seja, é possível fazer uma história divertida e/ou emocionante com recursos que você tenha à mão.

Preste atenção!
O menor *stop motion* do mundo

Em 2013, o departamento de pesquisa da International Business Machine Corporation (IBM) produziu o curta *A Boy and His Atom*, uma animação usando átomos – moléculas de monóxido de carbono, mais precisamente – ampliadas 100 milhões de vezes.

Figura A – Quadro de *A Boy And His Atom*

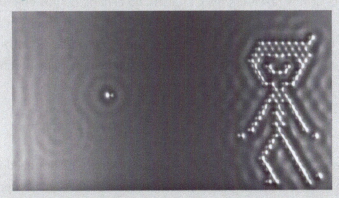

Veja a animação no seguinte endereço eletrônico:

A BOY and His Atom: the World's Smallest Movie. **IBM**, 30 abr. 2013. Disponível em: <https://www.youtube.com/watch?v=oSCX78-8-qo>. Acesso em: 11 out. 2019.

4.3.1 Planejamento

Uma animação em *stop motion* também requer planejamento. Assim, além de roteiro, efeitos sonoros e dublagem, você terá que fazer um levantamento dos materiais que precisará para a animação, tanto dos objetos que serão animados quanto de câmeras, acessórios, iluminação etc.

4.3.2 Os objetos

Os objetos a serem animados podem ser brinquedos ou bonecos feitos especialmente para o trabalho. É importante que eles sejam resistentes, possam ser manipulados facilmente e fiquem na posição desejada com facilidade. Se os objetos forem instáveis, use algum outro recurso para que fiquem na posição correta.

Tenha à mão um *kit* de reparos urgentes. Inclua arames, araminhos encapados de embalagens de pão, fita crepe e de outros tipos, alguns tipos de cola, tachinhas, alicates, pequenos elásticos etc. Esses itens são muito práticos para quando precisarmos fazer alguma gambiarra no cenário ou nos objetos.

A animação *stop motion* não precisa ser necessariamente feita com bonecos ou tridimensional. Podemos usar papéis recortados – como foi feito no primeiro episódio da série *South Park*, em 1997 –, roupas, fotografias impressas, qualquer coisa. Uma animação bidimensional também evita que tenhamos que criar um cenário tridimensional.

4.3.3 O cenário

O cenário da animação *stop motion* pode ser feito com fundos pintados, outros objetos e/ou brinquedos. Cuide para que ele esteja bem fixado – o ideal é trabalhar sobre uma mesa – para que fique sempre no lugar certo.

Valiente (2011) sugere que o cenário seja pintado em tons mais claros ou que um tule branco seja colocado na frente dele, para dar a sensação de profundidade. Também é possível simular e exagerar efeitos de câmera com a pintura do cenário.

Outro ponto importante, conforme Valiente (2011) é que os objetos devem ser facilmente manipuláveis sem que o cenário seja derrubado acidentalmente. Pense que para conseguir uma animação de 1 minuto, a 12 quadros por segundo, você vai precisar mexer nos objetos 720 vezes. Garanta que o processo seja confortável e prático para que o trabalho renda mais.

4.3.4 Cuidados ao fotografar

Um dos segredos para um *stop motion* de qualidade é o cuidado com as fotografias. Não é necessário usarmos equipamentos profissionais, e sim tomarmos algumas precauções.

Cuide para que todas as fotografias sejam captadas com as mesmas configurações para que diferenças na exposição – fotos mais escuras e mais claras ou com foco em diferentes lugares – não apareçam quando os quadros forem reunidos na edição.

A primeira prevenção é manter a câmera fixa. De preferência, use um tripé, mas você também pode improvisar apoiando a câmera em uma pilha de livros. Caso você esteja utilizando um celular, há suportes para esse tipo de aparelho, formado por uma garra para prendê-lo à mesa e um braço articulado e flexível. Para evitar tremores, use um controle remoto com ou sem fio – em celulares, os botões do fone de ouvido podem servir para tirar fotos.

Tenha muito cuidado com o foco. Se você estiver usando um celular ou uma câmera sem opção de foco manual, foque no objeto certo a cada fotografia. Se a câmera oferecer a possibilidade, mantenha o foco fixo ou coloque-o no modo manual e não mexa nessa configuração durante a sessão de animação.

Para evitar tremidas acidentais, o ideal é que você utilize um controle remoto. Em celulares, é possível usar o controle remoto que vem junto com alguns bastões de selfie.

Observe que o movimento de câmera também pode ser realizado em um *stop motion*. Aproximar um pouco a câmera do objeto a cada quadro fotografado pode simular um *travelling*, por exemplo.

Além dessas questões, esteja ciente de que a quantidade de quadros por segundo pode ser menor em projetos de *stop motion*: 8 a 12 quadros por segundo já são suficientes para conseguirmos uma animação bastante fluida.

4.3.5 Cuidados com a iluminação

Por mais simples e improvisado que seja, um cenário de *stop motion* tem as mesmas características de um cenário "real" – por isso, a iluminação é tão importante em ambas as situações: use abajures, lanternas, lâmpadas e qualquer outro recurso que você tenha à mão para conseguir uma iluminação que deixe o cenário e os objetos em destaque.

4.3.6 *Stop motion* com pessoas

Animação *stop motion* com pessoas em vez de objetos pode ser uma atividade divertida. A ideia nesse caso não consiste em imitar o movimento natural humano, e sim criar movimentos estranhos ou impossíveis, como pessoas se mexendo sem caminhar, ou parecendo que flutuam – tire várias fotos em sequência da pessoa pulando e edite depois.

4.3.7 *Time-lapse*

Um método de animação similar a do *stop motion* é o *time-lapse*: mais do que uma técnica de animação, trata-se de uma técnica de gravação na qual são feitas fotos a intervalos regulares de um mesmo objeto ou paisagem. No produto final ficam evidentes os efeitos da passagem do tempo, dando uma ideia de aceleração do tempo.

4.3.8 Edição e finalização

Depois de captar as fotografias, você precisará importar todas elas em um programa de edição de vídeo. Pesquise como fazer essa tarefa de maneira mais prática. Esses programas costumam oferecer opções para importar vários arquivos de uma vez só e já organizá-los na linha do tempo na duração que precisarmos: melhor do que ficarmos ajustando manualmente a duração de milhares – sim, milhares – de fotografias.

Também é possível usar um computador para ligar a câmera e controlá-la através dele, o que exige ela que permita ser controlada dessa maneira – provavelmente modelos mais caros de DSLRs.

Uma solução muito prática é usar, diretamente no celular, algum aplicativo de animação em *stop motion*, como o Stop Motion Studio, disponível para Android e iOS. É muito simples de usar e apresenta uma versão gratuita que já oferece vários recursos – outros recursos avançados devem ser pagos. Para fazer um filme nesse aplicativo, basta selecionar "novo filme" (Figura 4.9).

Depois, basta selecionar a câmera e começar a fotografar (Figura 4.10).

O controle à esquerda da tela controla o recurso *onion skin* (casca de cebola), que faz com que a imagem da câmera fique sobreposta à imagem já capturada. Isso ajuda que os objetos sejam posicionados no lugar desejado (Figura 4.11).

Também é possível usar *zoom* para aproximar as imagens (Figura 4.12).

Uma vez captadas as imagens, é possível visualizar o filme (Figura 4.13), acrescentar voz, regular o *framerate*[1] e exportar em vídeo *full HD*, para finalizar a edição em outros programas.

Figura 4.9 – Tela inicial do Stop Motion Studio

Figura 4.10 – Tela da câmera do Stop Motion Studio

Figura 4.11 – Tela da câmera do Stop Motion Studio com o recurso *onion skin*

Figura 4.12 – Uso de *zoom* no Stop Motion Studio

---

[1] O padrão do Stop Motion Studio são 5 quadros por segundo, mas é possível escolher valores entre 1 e 30.

O uso de um aplicativo como o Stop Motion Studio – ou qualquer outro que você preferir –facilita o processo de animação. Baixe vários, faça testes, veja de qual você gosta mais. O recurso do *onion skin* permite um maior controle na animação; é possível ajustar o *framerate*, previsualizar e exportar como vídeo – ou como imagens, caso você considere necessário.

Figura 4.13 – Tela de visualização do filme do Stop Motion Studio

É possível fazer uso de técnicas e equipamentos mais avançados, mas produzir um *stop motion* também pode ser uma tarefa divertida. Há muitas possibilidades, e todas podem ser feitas com poucos recursos e bastante disposição. Faça com o que tiver à mão! Fazer uma animação de alguns segundos é a melhor maneira de praticar, e vai ser divertido de fazer e de ver depois.

Lembre-se de que a sua animação vai precisar de som – trilha sonora, dublagem ou efeitos sonoros. O mais prático é incluir o áudio com o filme finalizado, mas pense nessa questão já na fase do planejamento.

4.4 Dicas e técnicas

Refazer uma cena com atores para tentar outro plano ou outro ângulo é relativamente fácil: já está tudo montado, é só repetir as falas e pronto. Na animação, esse processo é mais complicado, já que um minuto de animação demora muito mais do que um minuto para ser criado, mesmo se estivermos fazendo um *stop motion* com brinquedos.

O planejamento é o item que requer mais atenção, já que refazer sequências é muito mais trabalhoso. Por isso, vamos dar algumas dicas que você deve levar em consideração antes de fazer um projeto.

4.4.1 Prepare a arte

Sejam de massinha, sejam desenhados, os personagens precisam manter um padrão ao longo da animação. E mesmo que os desenhos sejam produzidos por uma única pessoa, é possível que eles se modifiquem involuntariamente.

Portanto, prepare uma folha com imagens de seu personagem de frente, de lado, do joelho para cima, de costas, de corpo inteiro e em algumas posições-chave (Figura 4.14). Meça algumas proporções – por exemplo, verifique quantas cabeças equivale a altura inteira do personagem. Isso vai ajudar a definir a personalidade e vai ser um padrão a ser consultado e mantido.

Além do *storyboard*, prepare artes conceituais, que representam como deveria resultar o filme e servem para dar uma ideia do trabalho que daria produzir a animação inteira. As artes conceituais também servem para definir qual vai ser o estilo de nossa animação (Valiente, 2011). Realista? Caricaturesco? Abstrato?

4.4.2 Prepare os fundos

Tanto para uma animação mais tradicional quanto para um *stop motion* bidimensional – ou até

Figura 4.14 – Exemplo de folha de personagem

Irina Strelnikova/Shutterstock

tridimensional –, precisamos definir nosso cenário, ou seja, os fundos. Antigamente, havia artistas especialistas em fazer os fundos, e os personagens eram desenhados e pintados em acetatos transparentes, processo hoje emulado pelo computador. Ou seja, atualmente não é necessário desenhar o fundo a cada quadro. No *stop motion*, os objetos vão ser arranjados em cima de um fundo também real.

O importante é que o fundo seja percebido como um elemento que está, literalmente, ao fundo. No *stop motion* tridimensional, tente manter o fundo desfocado ou mais claro. Na animação bidimensional, pode ser usado o recurso da *paralaxe*, termo emprestado da astronomia que se refere à diferença na posição aparente dos objetos. Por exemplo, se você fotografar uma paisagem a partir de dois pontos de vista diferentes, vai perceber que, quanto mais ao fundo um elemento estiver, menos a posição dele vai variar nas nossas fotos.

Na animação, usamos a paralaxe para dar a ilusão de movimento, principalmente em fundos e paisagens. Podemos trabalhar com várias camadas de desenhos bidimensionais, fazendo que as camadas que representam

Figura 4.15 – Demonstração da técnica que se aproveita da paralaxe

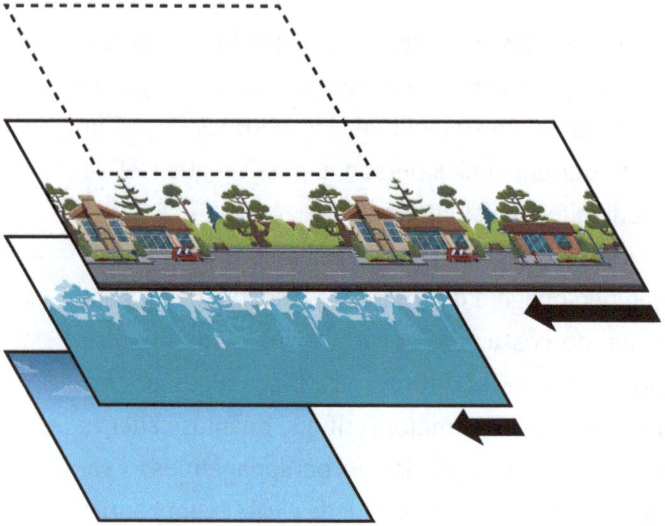

deymos/Shutterstock

objetos mais próximos se "mexam" mais rápido. A Figura 4.15 ilustra essas camadas: a imagem maior, mais à frente, vai passar mais rapidamente pelo "quadro" da animação (em pontilhado). Quanto mais ao fundo estiver a imagem, mais lento será o movimento.

Também podemos usar a paralaxe na horizontal, para trabalhar com paisagens, revelando ou ocultando elementos.

4.4.3 Outras técnicas interessantes

Uma técnica de animação interessante para fazer animações de um jeito mais tranquilo é o *flipbook*, que consiste na elaboração de um pequeno livreto do tamanho de um cartão de visitas no qual é feita uma sequência de desenhos, que podem ser vistos quando esse livro é folheado rapidamente. Também é possível fazer algo similar no canto das páginas de um livro ou de um caderno. Para criar o seu *flipbook*, a sugestão é que você compre várias fichas de papel do tamanho de cartão de visita e as una com prendedor de papéis ou com um elástico.

Outra técnica de animação é a rotoscopia. Nessa técnica, é usada como base uma gravação feita com objetos e pessoas reais, e cada frame dessa gravação é redesenhado. Foi usada em filmes como *Waking Life* (2002) e *A Scanner Darkly* (2006).

4.5 *Softwares* para animação

Há muitas opções de programas para trabalhar com animação, inclusive várias ferramentas livres e gratuitas, mas não por isso com menos recursos. Aqui apresentamos algumas opções mais simples e outras mais complexas, com foco nos *softwares* livres. Há várias outras opções, por isso a recomendação é que você teste e verifique qual delas se adapta melhor ao estilo da animação e ao fluxo de trabalho. Também é possível combinar vários programas. Você pode fazer a animação de um personagem no programa Pencil e finalizá-la em outro programa de edição que tenha algum recurso adicional, por exemplo.

4.5.1 Pencil

O Pencil (Figura 4.16) é um programa livre e gratuito no qual é possível fazer animações com diferentes camadas – para o fundo e para os personagens principais, por exemplo –, controles de câmera, opções de som, *onion skin*, entre outros recursos. Tem ferramentas básicas de desenho e permite importar imagens. É simples e intuitivo.

Figura 4.16 – Interface do programa Pencil

Figura 4.17 – Interface do OpenToonz

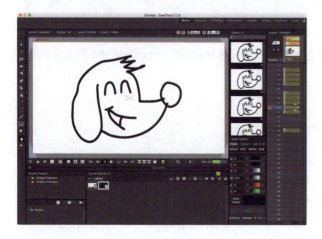

Figura 4.18 – Tela principal do Muan

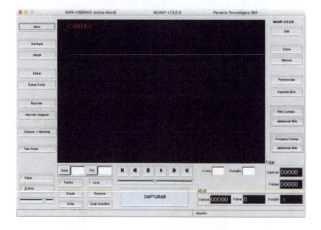

4.5.2 OpenToonz

O OpenToonz (Figura 4.17) baseia-se em um *software* desenvolvido pela empresa italiana Digital Video, que o forneceu para o estúdio japonês Ghibli, conhecido por filmes como *A viagem de Chihiro* (2001). Esse estúdio, por sua vez, modificou o programa para atender melhor às próprias necessidades. As duas empresas se uniram para fazer uma versão livre e gratuita, chamada *OpenToonz*.

Esse programa foca as ferramentas no desenho, bem similar ao processo de animação tradicional, mas com recursos que permitem a otimização do trabalho. Funciona melhor acompanhado de uma mesa digitalizadora com caneta, que facilita o trabalho de desenhar. É um programa complexo, então exige algum treinamento.

4.5.3 Muan

O Festival Internacional de Animação do Brasil Anima Mundi detectou a necessidade de um programa específico que facilitasse a elaboração e a exibição imediata das animações produzidas em suas oficinas. A partir de uma parceria com a IBM e com o Instituto de Matemática Pura e Aplicada (Impa), em 2002, começou a ser desenvolvido o Manipulador Universal de Animação (Muan) (Anima Mundi, 2014).

Ideal para animação *stop motion*, Muan é um programa livre e gratuito, disponível para *download*. A função do programa não é fazer o trabalho de animação, e sim permitir que as imagens sejam postas em sequência rapidamente, previsualizadas e exibidas ou exportadas em vídeo. O programa também pode fazer a captura das imagens diretamente de uma câmera ou *webcam* conectada ao computador (Figura 4.18).

A simplicidade do Muan faz dele um produto fácil de usar, como atestam as experiências com crianças do projeto Anima Escola (Anima Mundi, 2014).

4.5.4 Blender

O Blender (Figura 4.19) é uma ferramenta livre e gratuita de modelagem em três dimensões, usada para os mais variados fins, como jogos e arquitetura. Ele também permite animar os elementos 3-D, com excelentes resultados.

É um programa que oferece muitíssimos recursos e possibilidades. Porém, essa variedade de recursos e ferramentas exige uma interface complicada, que pode intimidar pessoas menos experientes. É necessário entender vários conceitos da modelagem 3-D, fazer alguns tutoriais e treinar bastante.

Figura 4.19 – Exemplo de trabalho no Blender

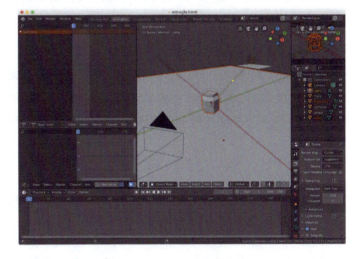

4.5.5 Adobe Flash/Animate

O Adobe Flash foi concebido como uma ferramenta para fazer animações vetoriais leves, adequadas para a época da internet discada, como *banners* e anúncios. Porém, devido a facilidade de uso, o Flash foi adotado por muitos animadores amadores e profissionais para a criação de curtas que poderiam ser enviados facilmente pela internet. Para não perder esse mercado, o *software* foi modificado e agora é comercializado com o nome *Animate*.

4.5.6 Adobe After Effects

O Adobe After Effects é uma espécie de Photoshop para vídeo e pode ser usado para manipular vídeos e imagens já existentes, mas também para realizar animações por meio da definição de quadros-chave e da modificação de parâmetros como posição, rotação e opacidade. Ele não possui ferramentas de desenho, então as imagens devem ser criadas em outro programa.

4.5.7 Adobe Character Animator

O Adobe Character Animator é um programa para fazer animações de modo mais fácil. Um recurso interessante desse *software* é que ele usa a *webcam* do computador para capturar a voz e as expressões faciais de um ator e animar automaticamente um personagem a partir das imagens.

4.5.8 Gimp, Inkscape, Adobe Photoshop e Adobe Illustrator

Os programas que comentaremos a seguir não são de animação, mas podem ser necessários ou úteis durante a produção de um curta.

Gimp e Photoshop servem para manipular fotografias e arquivos de imagem *bitmap* – aquelas formadas por *pixels*. Esses editores permitem fazer montagens e ajustes de cor e podem ser utilizados para a criação de desenhos. Inkscape e Illustrator servem para editar e produzir ilustrações vetoriais.

O Gimp e o Inkscape são livres e gratuitos, já os *softwares* da Adobe, assim como os mencionados anteriormente, Flash/Animate, After Effects e Character Animator, precisam de uma licença cobrada mensalmente.

Síntese

Como é complicado fazer animação! São muitas as técnicas necessárias para essa atividade trabalhosa, mas muito recompensadora. Como ideia principal, este capítulo forneceu pistas para você observar como as animações são feitas e assim possa aprender novas técnicas. Parece contraditório, mas o conteúdo deste capítulo também mostrou a possibilidade de você poder fazer animações sem tantos recursos e sem perseguir um resultado perfeito, apenas pela diversão de fazer isso e de assistir ao resultado e mostrá-lo para outras pessoas.

Atividades de autoavaliação

1. Qual exemplo a seguir explica melhor o princípio de *comprimir e esticar* na animação?
    a) Um jogador de golfe se preparando para bater em uma bola.
    b) O cabelo que se mexe enquanto o personagem mexe a cabeça.
    c) Um carro freando para evitar uma batida.
    d) Uma bola de tênis se deformando ao quicar em uma parede.

2. Qual exemplo a seguir explica melhor o princípio de *aceleração e desaceleração* na animação?
    a) Um jogador de golfe se preparando para bater em uma bola.
    b) O cabelo que se mexe enquanto o personagem mexe a cabeça.
    c) Um carro freando para evitar uma batida.
    d) Uma bola de tênis se deformando ao quicar em uma parede.

3. Qual exemplo a seguir explica melhor o princípio de *antecipação* na animação?
   a) Um jogador de golfe se preparando para bater em uma bola.
   b) O cabelo que se mexe enquanto o personagem mexe a cabeça.
   c) Um carro freando para evitar uma batida.
   d) Uma bola de tênis se deformando ao quicar em uma parede.

4. O que é *rigging*?
   a) Exportar uma animação para um formato de vídeo.
   b) Definir quais partes de um personagem vão se mexer durante uma animação *stop motion*.
   c) Desenhar os quadros intermediários de uma animação.
   d) Definir o esqueleto dos personagens, para animá-los como se tivessem ossos e articulações.

5. Qual afirmativa sobre *stop motion* está **incorreta**?
   a) São necessários 12 a 24 quadros para a animação ser fluida.
   b) O ideal é contar com uma objetiva que tenha a opção de foco manual.
   c) No *stop motion*, não é possível trabalhar com *zoom* ou *travelling*.
   d) Para não mudar a câmera de posição, o ideal é que seja utilizado algum tipo de controle remoto.

Atividades de aprendizagem

Questões para reflexão

1. Procure o *stop motion* intitulado *Western Spaghetti* (2008), de Adam Pesapane – mais conhecido como *Pes*. Quais relações ele fez entre os objetos que ele usou e os objetos que ele representou? Você acha possível fazer animações similares? É de fato tudo animado quadro a quadro?

2. Procure o clipe da música *Walkie Talkie Man* (2004), da banda Steriogram, dirigido por Michel Gondry. Ele combina imagens captadas "normalmente" com técnicas de animação. Quais técnicas você identifica?

Como foi feita a cena do gigante sendo construído? Você identifica alguma semelhança com o filme *Humorous Phases of Funny Faces* (1906), do cartunista James Stuart Blackton?

Atividade aplicada: prática

1. Chegou a hora de aplicar o que você aprendeu. Um jeito prático de aplicar isso é fazendo uma animação *stop motion*. Procure objetos que você possa fotografar: brinquedos, bonequinhos ou objetos do cotidiano – talvez você possa contar uma história de romance e intrigas usando uma peneira e uma frigideira. Você também pode criar personagens e cenário usando papéis. Escreva um roteiro e faça um *storyboard* para ter um mínimo de planejamento. Use algum aplicativo de celular ou um computador com *webcam* e o *software* Muan (ou outro que você preferir). Termine de editar o vídeo, capriche na dublagem e, se quiser, divulgue na internet.

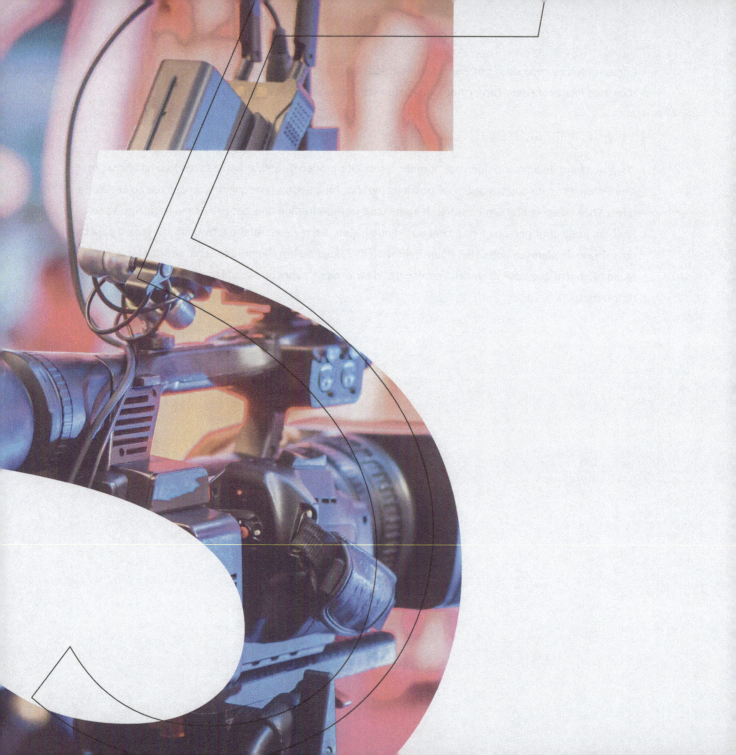

*Pós-produção
no audiovisual*

Neste capítulo são abordadas as técnicas de finalização de filmes. Tipicamente se trata da parte da edição do material captado; mas aqui foram incluídas técnicas específicas de edição, além de sugestões de fluxos de trabalho para trabalhar com arquivos digitais e considerações sobre os programas que devem ser usados. A edição é abordada tanto para falar da parte narrativa, de construção da história a ser contada, como no que se refere a aspectos técnicos.

Foi dado especial destaque a uma técnica que tem a capacidade de melhorar, e muito, gravações amadoras, que é a colorização – ajuste das imagens gravadas, a fim de melhorar contraste e cores, para que estejam de acordo à história que é contada.

Para projetos de animação, esta parte também é importante, mesmo que a quantidade de material "bruto" seja, provavelmente, menor do que em uma gravação com atores, o que pode implicar uma etapa de decupagem mais simples. Projetos de *stop motion*, por exemplo, podem se beneficiar das técnicas de colorização. E qualquer tipo de animação vai precisar de efeitos sonoros e de uma boa edição de som.

Uma vez captado – ou animado – o material, é hora da edição. Para isso, é importante, em primeiro lugar, fazer uma seleção do material bruto, considerando a história que queremos contar e as possibilidades da edição para contá-la, como mudanças de cena e tipos de cortes, além do uso de trilhas e efeitos sonoros. Para valorizar esse trabalho, é importante gerar um arquivo de alta qualidade de áudio e vídeo – tema com o qual fechamos o capítulo.

5.1 Decupagem

Alguns termos usados no cinema têm vários significados – *decupagem* é um deles. No Capítulo 2 desta obra, abordamos a decupagem no contexto de um planejamento da produção do filme.

Neste capítulo, vamos usar outro significado do termo, surgido mais recentemente: decupar no sentido de fazer uma pré-seleção do material gravado. No trabalho com fitas de vídeo, decupar consistia em assistir às fitas e anotar a posição das cenas que seriam usadas.

Trabalhar com arquivos digitais facilita essa tarefa. Podemos anotar os nomes dos arquivos com as tomadas que ficaram melhores e também o tempo em que aparecem as tomadas que nos interessam, caso haja mais de uma no mesmo arquivo. Podemos descrever o conteúdo de cada arquivo, em um processo que é chamado de *minutagem*.

A decupagem é uma espécie de prévia da montagem de um filme. Consiste em decidir qual tomada será aproveitada na montagem final, qual dela ficou melhor, qual é mais adequada para ser utilizada.

Esse processo pode tomar bastante tempo. Assista o material uma e outra vez. Compare as diferentes versões de uma mesma tomada. Localize quais delas têm problemas e verifique se podem ser aproveitadas. Conhecer o material que foi gravado economiza tempo durante a edição.

As decisões sobre qual material vai ser usado ou não podem ser tomadas já durante as gravações, o que economiza tempo no momento de fazer a decupagem do material.

A decupagem pode ser feita já usando um *software* de edição, para separar os arquivos, colocá-los em ordem, deixando o trabalho pronto para quem for finalizar a edição. Como esse processo não precisa necessariamente do programa de edição, é possível fazermos a decupagem tendo apenas um programa para ver os vídeos. Ainda que não sejam feitos cortes, a seleção dos arquivos já agiliza o processo.

5.1.1 Organização dos arquivos

Como resultado das gravações ou animações, você terá tipicamente muitos *megabytes* – ou até *gigabytes* – de arquivos de áudio e vídeo. Cada vez que se aperta o botão de gravar da câmera ou celular, um novo arquivo é gerado.

É comum se perder nesse monte de arquivos. Os nomes, que são algo como "VID_0014.mp4", não ajudam. Assim, é fácil deletar algo sem querer.

Os arquivos de vídeo são grandes demais e preenchem rapidamente cartões de memória e o armazenamento do celular. Às vezes um cartão de memória cheio interrompe a gravação de uma cena que estava indo muito bem.

O que fazer para evitar esses problemas? Organizar um fluxo de trabalho. Trabalhar sempre da mesma maneira ajuda a evitar problemas de arquivos deletados sem querer ou que ficaram perdidos em algum lugar.

Uma sugestão é levar um *notebook* para a locação e esvaziar os cartões de memória e celulares com frequência. Copie os arquivos para uma pasta específica com um nome adequado, e troque os nomes por algo que faça sentido para a produção. Separe as cenas em diferentes pastas. Faça o mesmo com os arquivos de áudio, caso esteja captando o som separadamente. Um arquivo nomeado "Cena 03 – Tomada 02.mp4" é mais fácil de ser localizado do que um arquivo chamado "MOV_2301_CORRETA-OK.mp4". Além disso, se o arquivo de som tiver o mesmo nome do arquivo de vídeo, a tarefa fica muito mais fácil para quem ficar responsável pela montagem do vídeo.

Uma vez copiados os arquivos, certifique-se que estejam abrindo corretamente. Talvez seja um bom momento para ver o resultado da gravação, conferir se o áudio foi captado adequadamente, se a tomada está de acordo com o roteiro, se seria bom gravar a cena novamente ou gravá-la com outro plano ou ângulo.

O ideal é não ter pressa para deletar os arquivos da gravação e simplesmente substituir um cartão cheio por um vazio, mas talvez você não conte com tantos cartões assim. Depois de copiar os arquivos para o computador e ter certeza que estão abrindo corretamente, formate os cartões de memória na própria câmera, para evitar arquivos corrompidos. Caso você esteja usando um celular, simplesmente exclua os vídeos já transferidos.

Talvez você só consiga transferir os arquivos em casa, depois da gravação. Mas o importante é fazer sempre o mesmo processo, para ter certeza de que nenhum arquivo se perdeu no meio do caminho.

Para manter a qualidade, use os arquivos do jeito que foram gerados pela câmera. Celulares geralmente salvam arquivos de boa qualidade e de tamanho pequeno. Se você estiver usando uma câmera que gera arquivos muito grandes – geralmente arquivos .mov –, procure como convertê-los para um formato que ocupe menos memória, mas sem perda de qualidade.

Cuidado ao enviar os vídeos pela internet. Um arquivo enviado por um aplicativo de mensagens – como WhatsApp ou Facebook – não vai manter a qualidade original, uma vez que será comprimido e diminuído para poder ser transmitido pela internet. Esses arquivos não têm qualidade suficiente para a edição final.

Por fim, algo importantíssimo: faça *backup* (cópia de segurança) dos arquivos. Tenha cópias dos arquivos em pelo menos dois lugares diferentes, como um *notebook* e um *HD* externo, ou um *pendrive*. Certifique-se que os arquivos estão abrindo e que foram copiados corretamente. Você também pode fazer *backup* "na nuvem", usando os serviços de armazenamento do Dropbox ou Google Drive, entretanto, como são arquivos muito grandes, isso pode não ser tão prático. O importante é que você tenha uma cópia diante de algum imprevisto, como vírus, problemas técnicos ou até roubo de equipamento.

5.1.2 Cuidados com arquivos

Novamente, um fluxo de trabalho organizado ajuda que o processo seja feito mais rapidamente e que não se percam arquivos importantes.

Um conceito fundamental é que os arquivos salvos pelos programas de edição de vídeo – vamos chamá-los de *arquivos do projeto* – não incluem os vídeos originais. Verifique o tamanho do arquivo do projeto. Todos aqueles *gigabytes* de vídeo não caberiam em um arquivo de alguns *kilobytes*, certo? Isso é feito para salvar espaço. O arquivo do projeto vai armazenar as informações sobre os momentos em que foram feitos os cortes, quais efeitos foram aplicados aos vídeos, mas não vai salvar os vídeos em si. Por isso, para continuar o trabalho em outro computador, é necessário copiar, além do arquivo do projeto, todos os vídeos, áudios e outros recursos que fram utilizados.

O arquivo do projeto não é um formato padrão; só pode ser aberto pelo mesmo programa que o gerou. Ele também não serve para mostrar o seu filme; uma vez feitas todas as edições, o seu filme vai precisar ser exportado – ou renderizado, como alguns profissionais preferem dizer – em formatos adequados. Se quiser enviar o filme para uma plataforma *on-line*, provavelmente você vai querer um arquivo menor, para que o envio não seja demorado; além disso, para exibições públicas, um arquivo de maior qualidade se faz necessário.

Durante o trabalho, salve várias versões do seu filme; podem ser salvos diferentes arquivos do projeto mesmo. Isso é útil para que você não precise refazer tudo caso queira retornar a alguma versão anterior. Basta abrir o arquivo dessa versão anterior e continuar trabalhando.

5.1.3 Que programas usar

A princípio, nenhuma tarefa exige programas muito sofisticados ou muito caros. A dica é experimentar várias alternativas, baixar programas, testar e usar aquele que mais se adapta ao seu jeito de trabalhar e consegue fazer tudo o que é necessário em seu vídeo.

Todos os programas apresentam uma interface mais ou menos similar, que vai constar de uma pre-visualização da imagem, uma linha do tempo na qual será possível trabalhar com vários canais de som e vídeo e um painel com os arquivos importados no programa (Figura 5.1).

Há vários programas gratuitos, com recursos básicos, como o Movie Maker, conhecido por fazer parte do sistema operacional Windows no computador. Outro programa similar é o iMovie, disponível para computadores Macintosh. Esses dois programas são voltados para o público em geral, que vai querer fazer edições descomplicadas, colocar algum efeito mais divertido, inserir títulos.

Para fazer uma edição simples, também é possível usar o celular ou *tablet*. Há várias opções gratuitas, como o FilmoraGo. Entretanto, usuários de iPhone podem usar uma versão do iMovie.

Figura 5.1 – Interfaces do iMovie (A), do Shotcut (B) e do DaVinci Resolve (C)

O Adobe Premiere Clip é um aplicativo gratuito, concebido para ser um complemento ao Adobe Premiere Pro CC. Nele, você pode selecionar vários vídeos do seu celular ou da Adobe Creative Cloud, fazer cortes, adicionar trilha sonora – o aplicativo inclui várias trilhas gratuitas – e, caso queira fazer algo mais complicado, pode continuar o trabalho no computador, usando o Adobe Premiere Pro CC.

Há soluções mais complexas – e caras – de empresas como HitFilm e DaVinci. Felizmente, essas empresas também oferecem versões gratuitas: o HitFilm Express e o DaVinci Resolve. Este último se caracteriza pelas ferramentas de correção de cor, apesar de ser um pouco mais difícil de operar. Ambos os programas, apesar de serem gratuitos, têm mais recursos do que os editores destinados ao público amador. Como esses programas são uma espécie de amostra grátis, podem ter algumas limitações – o DaVinci Resolve, por exemplo, não aceita vídeo em resoluções superiores a *full HD*.

Para quem preza *software* livre ou simplesmente precisa de uma opção gratuita, também há várias opções, como o OpenShot e o Shotcut, que contam com recursos similares aos de editores pagos.

Finalmente, para aquelas pessoas que pretendem começar a trabalhar com *softwares* profissionais, que oferecem mais recursos, temos o Vegas – para Windows –, o Final Cut – para Mac – e o Adobe Premiere Pro CC – para ambas as plataformas. Esses programas são usados até em produções milionárias, como o seriado *Mindhunter* e oferecem muitos recursos que podem ser úteis; reflita se você vai realmente precisar deles antes de pagar mensalidades ou comprar licenças.

Você pode querer também usar *softwares* de animação, para aplicar alguns efeitos sofisticados que os programas de edição não são projetados para fazerem. O mais conhecido é o Adobe After Effects. Há também *softwares* livres, como o Natron.

Outros programas que podem ser práticos são o HandBrake, livre e gratuito, que serve para converter formatos de vídeo; editores de áudio, como o Audacity, também livre e gratuito; e até programas de apresentações, como o Microsoft PowerPoint, nos quais é possível fazer alguma animação básica de títulos e exportar em formato de vídeo para ser inserido no seu filme.

5.2 Edição: aspectos narrativos

Muitos autores e cineastas defendem que a edição é a parte mais artística do cinema. Já outros, como Dancyger (2007), afirmam que a arte do cinema consiste em evitar a edição). Ainda segundo esse autor, o trabalho do editor precisa passar desapercebido. A união das imagens precisa ser suave e perceptível apenas nas horas certas, caso contrário, não foi realizado um bom trabalho.

Quaisquer duas cenas, quando colocadas juntas, geram significados, dependendo dos planos, do tempo, da linguagem de maneira geral. Por isso é fundamental entendermos alguns princípios, que talvez conheçamos de maneira meio intuitiva, de tanto assistir filmes, seriados e animações. Nesta seção, vamos focar em selecionar imagens priorizando a narrativa, conforme destaca Dancyger (2007). Para essa tarefa, você provavelmente já começará a trabalhar em algum programa de edição de vídeos.

Antes, uma pequena observação sobre a terminologia: estamos usando aqui o termo *edição*, mais adequado para se referir à prática. Alguns autores e profissionais usam os termos *montagem* e *montador* para se referir a este processo e a quem o realiza.

5.2.1 Continuidade

O grande desafio em edição de vídeos é conseguir a continuidade entre planos, ainda que estes sejam diferentes. Por exemplo, um plano no qual uma atriz esteja entrando em casa seguido de um plano no qual ela esteja sentada em um sofá é abrupto demais. Pode ser necessário – o "pode" é porque o corte abrupto talvez venha a ser um efeito desejado – incluir um ou dois planos com a atriz chegando na sala e se sentando.

Essa continuidade deve ser prevista durante a gravação. Portanto, devem ser gravadas cenas a mais para que o responsável pela montagem do filme tenha opções para escolher aquela que funcione melhor. Por exemplo, grave uma mesma tomada com um plano geral e também com um plano mais fechado.

5.2.2 Pontos de corte

Você se lembra dos "pontos de corte" que mencionamos no Capítulo 3? Chegou a hora de aproveitá-los. Qualquer mudança na ação pode ser um momento apropriado para cortar e passar para outro plano que favoreça a narrativa.

Dancyger (2007) menciona que um truque bastante comum é quando uma personagem, em um jantar, pede um brinde. Seria possível, por exemplo, passar de um plano mais geral a um primeiro plano da personagem que está chamando a atenção para si.

Outro ponto de corte típico pode ocorrer quando a maçaneta de uma porta é girada. Podemos gravar alguém girando a maçaneta e aproveitar o momento para trocar de plano e mostrar em seguida a pessoa que chamou à porta. Abrir a porta é um ato drástico, que combina com uma mudança de plano também drástica.

Já cortes muito bruscos para atos pouco importantes criam uma expectativa desnecessária. Um corte brusco é justificado com uma ação importante, como quando uma pessoa vai conferir quem está à porta. O telespectador espera que um corte mais brusco mostre algo realmente importante para a história. Se uma atriz sentou no sofá e ligou a televisão, não precisamos fazer um corte mostrando que ela pegou o controle remoto – a menos que o fato ou o programa que estava passando sejam importantes para a história. Em resumo, não engane quem vai assistir ao filme.

5.2.3 Mantenha a direção correta

Digamos que a nossa personagem saiu de casa para ir à farmácia. Se colocarmos um plano dela saindo de casa, caminhando da esquerda para a direita da tela, precisamos manter essa direção até que a personagem chegue ao destino. Isso vai dar a pista para quem estiver assistindo que ela está indo até algum lugar. Se depois for usado um plano com a atriz caminhando da direita para a esquerda, vai parecer que ela está voltando para casa.

A mesma direção pode ajudar a narração de uma história com outras situações. Uma pessoa que esteja seguindo alguém deve ir na mesma direção da pessoa que está sendo perseguida. Duas pessoas que estejam caminhando para se encontrarem em um mesmo lugar podem ser filmadas indo em direções opostas, para reforçar a sensação de que vão se encontrar (Figura 5.2).

Figura 5.2 – Exemplo de marcação de direção em *storyboard*

O importante é evitar ao máximo a chamada *quebra de eixo*, que acontece quando quem assiste ao filme não entende para qual lado o personagem está indo. Isso acontece, por exemplo, quando a ida de um personagem a um lugar é mostrada no sentido da esquerda para a direita na tela. Se houver um corte e o personagem estiver indo da direita para a esquerda, o espectador pode pensar que o personagem já chegou no lugar de destino e está voltando. Assim como ocorre na aplicação de vários outros recursos que na maioria dos casos é considerado erro, a perda de eixo pode ser usada de propósito, para dar a noção de que o personagem está desorientado, por exemplo.

> **Preste atenção!**
> Além da direção dos dos atores e/ou objetos, Dancyger (2007) sugere algumas técnicas que podem ser usadas para ressaltar o que é narrado no filme.
>
> Uma possibilidade é utilizar um movimento na diagonal, que pode servir para quebrar o ritmo de um filme, criando um momento esteticamente interessante; também pode ser usado para transmitir a sensação de locomoção de um lugar a outro. Esse movimento geralmente é mais demorado, o que pode ser útil para aproveitar melhor as cenas, ou para transmitir a ideia de que mais tempo se passou na história.
>
> Outra dica de Dancyger (2007) é usar mudanças de plano. É possível começar com um primeiro plano no rosto do personagem, para então revelar, por meio de um *zoom out*, o ambiente no qual a ação está acontecendo.

5.2.4 Plano de localização

A apresentação do ambiente em que está acontecendo uma ação é algo importantíssimo para uma história. Para isso, nada melhor que um plano geral que mostre o lugar. Esse lugar pode ser um ambiente interno, como uma sala de estar, ou um ambiente externo, como a frente de uma loja. Também pode ser um plano mostrando uma cidade inteira, ou um ponto reconhecível – lembre-se de quantos filmes você viu que começam com uma tomada aérea da cidade de Nova Iorque ou da Golden Gate.

O plano de localização é muito usado, de maneira meio tosca, em comédias televisivas da década de 1990. Um plano rápido nos avisa que a ação vai acontecer dentro de um lugar, que provavelmente já reconhecemos como a casa de determinado personagem, devido à quantidade de vezes que vimos exatamente o mesmo plano, reutilizado uma e outra vez.

Novamente, é necessário termos diversas opções de planos já gravadas para poder experimentar na hora da edição. Há diretores que evitam cortes entre o plano de localização e o plano seguinte, usando recursos como *travelling* ou *zoom* para passar de um plano mais fechado ao plano mais aberto que vai mostrar o local – ou o contrário, entre o plano mais aberto e o mais fechado.

Num filme, geralmente o local é mostrado antes da ação, mas apresentar o lugar depois da ação pode ser um recurso poderoso, que pode ser aproveitado para surpreender o espectador. Desse modo, esse espectador pode se deparar com um lugar no qual ele não esperava que estivesse acontecendo a ação, ou que ele não esperasse que fosse tão imponente.

Talvez seja necessário usar o recurso de plano de localização várias vezes ao longo de um filme, para mostrar que a ação mudou de lugar.

5.2.5 Mudança de cena

Há várias maneiras de indicar que a cena mudou – a cena, não necessariamente o lugar. Uma maneira elegante de se fazer isso é manter uma continuidade visual entre ambas as cenas, que crie uma relação entre elas. Dancyger (2007) sugere duas maneiras de esse efeito ser alcançado: 1) manter o mesmo personagem, fazendo coisas similares, mas vestido de formas diferentes; 2) fazer um plano de um objeto relacionado à primeira cena e começar a segunda a partir de um plano similar de um objeto parecido. Por exemplo, se uma cena que termina com uma pessoa apoiando um copo em uma mesa, a cena seguinte pode iniciar com outra personagem, em outra mesa, em outra situação, pegando uma taça que estava apoiada também em uma mesa. Claro que há várias outras possibilidades, mas a continuidade visual na mudança de cena é um elemento da linguagem cinematográfica que funciona muito bem.

5.2.6 Tom das imagens

Para que o espectador saiba que os diferentes planos estão acontecendo em uma mesma situação, a luz e as cores precisam ser as mesmas. Por isso, os ajustes de luz e cor devem receber especial atenção durante a gravação das cenas. Porém, imprevistos podem acontecer, como serem aplicados diferentes ajustes de balanço de brancos – algo inadmissível em produções profissionais, mas que pode acontecer com amadores.

Outro fator que pode modificar o tom das imagens é o uso de câmeras diferentes. Se você precisar usar diferentes câmeras para gravar uma cena, cuide para que elas sejam do mesmo tipo. Uma DSLR gera uma imagem muito diferente de uma câmera compacta ou de um celular, e combinar essas imagens pode ser um trabalho difícil.

Durante a edição do filme, é possível fazer algumas correções para compensar essas diferenças, como ajustar os tons para mais quentes ou mais frios, escurecer cenas claras demais, ou clarear cenas escuras demais – o que é mais difícil. Porém, não confie nesses recursos para resolver problemas; procure captar as imagens da melhor maneira possível.

5.2.7 Decidindo o que é realmente necessário

Reflita sobre quais sequências serão necessárias para a narrativa do seu filme. Digamos que você quer que o espectador conheça um personagem, e para isso mostra vários aspectos da vida deste último. Em longa metragens é típico que essa sequência apareça no começo, junto de alguns créditos do elenco. Será que é necessário?

Ou ainda digamos que o roteiro indica que um personagem foi até determinado lugar. Será que precisamos mostrar o personagem indo até lá? Ou cortamos diretamente para o lugar? Aí é com você. Decida se compensa mostrar essa sequência. Pode ser interessante mostrar os sentimentos que a pessoa está tendo enquanto se dirige a aquele lugar, mas essa também pode ser uma sequência entediante.

A dica geral é: não se apegue. Você pode gostar da tomada, mas se a sequência ficar entediante, corte.

5.2.8 Ritmo

Qualquer objeto artístico que precise do tempo para ser apreciado terá um ritmo, termo que se refere às sensações causadas pelo tempo que cada tomada fica em cena. Podemos comparar o ritmo dos filmes com a escrita. Imagine um parágrafo com frases curtas e longas. Não precisa imaginar. Este parágrafo está escrito para passar essa noção. A variedade do comprimento de frases está sendo usada para mostrar como o ritmo da escrita pode se parecer com o ritmo de um filme.

Assim como frases podem ser mais curtas ou mais longas, as tomadas de um filme também variam. Por isso é interessante usar tempos diferentes. Um filme com tomadas com duração muito parecidas é entediante.

E como decidir quanto tempo cada tomada deve ter? Um bom parâmetro é a quantidade de informação que há na tela. Planos mais complexos, como planos abertos, nos quais aparecem muita informação, podem durar mais, para dar tempo para que o espectador absorva as informações. O mesmo vale para planos em movimento.

Já planos com menos detalhes podem durar menos tempo. Porém, em algumas situações, dedicar mais tempo a um plano simples pode ajudar na narrativa. Imagine, por exemplo, um plano fechado dos olhos de uma personagem. Parece algo simples, mas a informação pode aparecer de várias maneiras, como nas expressões do ator.

Aproveite essas diferenças para variar a duração dos cortes, sempre cuidando dos diálogos e da interpretação dos atores. Saiba identificar se uma pausa ocorreu devido à interpretação do ator ou se ele esqueceu o texto.

5.3 Edição: aspectos técnicos

Uma vez decididas quais as tomadas que vão compor o filme, chegou a hora de reunir tudo no chamado "corte final", que é a versão definitiva do filme. É possível que tenhamos feito nossa decupagem já em um programa de edição, então chegou a hora de fazer ajustes finos, melhorar os cortes, as cores, o som, entre outros detalhes.

5.3.1 Tipos de corte

O corte é a transição mais simples – e a mais usada – entre dois planos. Há vários tipos de corte, adequados para várias situações. O editor de um filme deve conhecer essas possibilidades, para usá-las quando for mais apropriado.

5.3.1.1 Corte seco

É o mais comum. Uma tomada acaba, e no *frame* seguinte aparece outra tomada. Simples, direto, eficiente. Pode parecer básico demais, mas é típico na linguagem cinematográfica e funciona na maioria das vezes (Figura 5.3).

5.3.1.2 J-cut e L-cut (*split edit*)

Em algumas ocasiões, o corte simultâneo de áudio e vídeo pode quebrar o ritmo de um filme. Imagine que você tem um diálogo entre dois personagens, com dois planos, e o edita com cortes secos. Apesar de ser uma fração de segundo, o tempo que demora a passagem de uma tomada a outra é suficiente para o diálogo parecer picotado e robótico. Nesse caso, as técnicas de J-cut e L-cut ajudam a ser mantida a naturalidade.

Outro uso possível para esses cortes é apresentar um som antes de mostrar o que o provocou. Imagine uma cena tranquila, interrompida pelo barulho de uma explosão. Isso causa um pequeno suspense entre o som e a imagem.

O princípio dessas técnicas é que o corte no vídeo vai acontecer antes ou depois do som. No J-cut (Figura 5.4), a imagem vai permanecer uma fração de segundo a mais do que o áudio. Em

Figura 5.3 – Timeline do Premiere Pro mostrando um corte seco

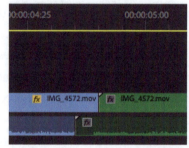

Figura 5.4 – Timeline do Premiere Pro mostrando um J-cut, com as trilhas de áudio e vídeo formando um J

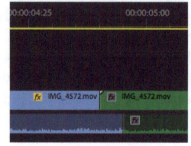

Figura 5.5 – Timeline do Premiere Pro mostrando um L-cut, com as trilhas de áudio e vídeo formando um L

um diálogo, por exemplo, a imagem de uma pessoa vai continuar aparecendo enquanto começa o som da outra pessoa falando. O corte na imagem acontece enquanto a segunda pessoa já estiver falando.

No L-cut (Figura 5.5), a imagem da segunda pessoa é mostrada antes da primeira pessoa terminar de falar.

O uso de J-cut e L-cut pode ser comparado ao que acontece quando uma terceira pessoa está vendo um diálogo ao vivo. Essa terceira pessoa está olhando inicialmente para quem está falando primeiro, e ainda está olhando quando a outra pessoa começa a falar, e só então virará a cabeça para ver a segunda pessoa, que falou depois da primeira.

Um exemplo de uso do J-cut para além dos diálogos é uma cena do filme *Indiana Jones e os caçadores da arca perdida* (1981), no qual o protagonista retira uma estatueta da plataforma e uma armadilha é ativada. Primeiro ouvimos os ruídos das pedras caindo, e só depois aparece um plano geral mostrando o que está acontecendo.

5.3.1.3 *Jump cut*

O *jump cut* é basicamente um corte seco, mas com pouquíssimas diferenças entre as cenas, como uma mudança na expressão facial de uma pessoa. Geralmente são usados vários *jump cuts* seguidos, causando um efeito frenético; também podem ser utilizados para dar a ideia de uma passagem curta de tempo.

5.3.1.4 Transições

São todas as passagens que fazem uso de algum efeito. O mais comum é o *fade*, no qual uma imagem se funde a outra – ou a um *frame* inteiro branco ou preto. O *fade* pode ter uma conotação de passagem de tempo, mas também pode servir para reforçar a ideia de que uma cena acabou e vai começar outra, em situações completamente diferentes.

Entretanto, o *fade* não é a única transição possível. Qualquer programa de edição permite que sejam feitas outras transições com facilidade, com efeitos como espirais e figuras geométricas. Esses efeitos são mais típicos da linguagem televisiva e de videoclipes; são utilizados no cinema muito raramente.

Podem parecer bonitos, mas não abuse deles; prefira cortes mais tradicionais, como os que já foram explicados.

5.3.2 Colorização

O uso de cor no cinema passou por várias etapas e técnicas, que implicavam a compreensão de física e química, de dispositivos, de filtros de cor, de técnicas de laboratório. Dava muito trabalho e ainda por cima havia o risco de que a película se inutilizasse em algum acidente durante a revelação.

Com a edição digital, ajustar o visual de um filme virou uma tarefa ao alcance de qualquer pessoa com um computador. Os ajustes que fizermos vão aparecer imediatamente, são reversíveis com um comando Ctrl+Z, e não precisamos nos preocupar com a inalação de vapores tóxicos, como acontecia nos laboratórios.

O processo de ajustar as cores e o contraste de um filme é chamado de *color grading* ou, no Brasil, colorização. É, geralmente, uma das últimas etapas na produção de um filme. Um trabalho de colorização bem feito pode ser a diferença entre um filme evidentemente amador e um filme com jeito de produção profissional; pode fazer que imagens banais sejam realçadas, e acrescentar elementos ao clima da história que queremos contar. A colorização também pode ser necessária para que cenas gravadas sob diferentes condições de luz, ou com diferentes câmeras, fiquem mais uniformes.

As câmeras, sejam profissionais, sejam amadoras, ou a do celular, saem de fábrica com ajustes genéricos, para poderem se adaptar às mais diversas condições de uso. Essa necessidade de entregar um produto que atenda às necessidades de um público variado faz com que os resultados sejam medianos. Quem vai precisar escolher o que ressaltar dessas imagens é a pessoa que estiver editando o filme, com participação do diretor e do diretor de fotografia.

Antes de começar a testar diferentes correções de cor, pense qual é seu objetivo. Você quer deixar o seu filme mais dramático? Mais colorido? Quer resgatar alguns detalhes que se perderam em uma filmagem escura demais? Ter um objetivo facilita a tarefa.

As ferramentas de colorização estão presentes em vários *softwares* de edição de vídeo. Programas mais básicos podem precisar de *plug-ins* – *softwares* que complementam a funcionalidade de algum programa. Aqui vamos falar da maneira mais genérica possível, para que você possa aplicar esses princípios ao *software* que você estiver usando. Os exemplos foram realizados em vários programas.

Alguns *softwares* trabalham com correções predefinidas, que funcionam como os filtros de alguns aplicativos de celular para tratar e publicar fotos. Esses filtros podem ser um bom ponto de partida para tentar diferentes tratamentos (Figura 5.6) e ver como o seu filme ficará.

Também é possível ajustar o balanço de branco do filme, caso ele esteja muito amarelado ou azulado – e caso você ache que a cena ficaria melhor com o tom correto. Os programas de edição oferecem várias maneiras de fazer esse ajuste. Teste e descubra qual se adapta melhor a cada situação.

Outro ponto de partida pode ser ajustar a exposição. Talvez a sua tomada tenha ficado muito clara ou muito escura, e o ajuste da exposição pode ajudar nesse sentido. Em alguns *softwares*, é possível usar a ferramenta de brilho e contraste – *brightness and contrast* – para fazer esses ajustes. A Figura 5.7 mostra a imagem original e o resultado da aplicação de um brilho e contraste de 30 pontos (em uma escala entre –100 e 100) no Premiere Pro.

Esses ajustes, porém, têm suas limitações. Para um contraste mais cuidadoso, é possível usar o recurso de ajuste de curvas. A ferramenta de curvas representa quais tons vão ser alterados – luzes, tons médios ou sombras, representados pelos pontos da curva da esquerda para a direita. Na Figura 5.8, podemos ver vários exemplos de diferentes desenhos de curvas e suas consequências. Foi utilizada uma imagem monocromática para ilustrar melhor os efeitos, mas os ajustes podem ser feitos em imagens coloridas. Nesse exemplo foi usado o DaVinci Resolve, mas outros programas têm o mesmo recurso.

A primeira imagem é a original, com a curva em forma de diagonal. Na segunda, um ponto no meio da curva foi "levantado", clareando os tons médios. O programa mantém a linha curva, para que o ajuste seja gradual à medida que os tons escurecem ou clareiam.

Na terceira, os tons médios foram escurecidos. Na quarta, foi criado um contraste suave, dando à curva um formato de S invertido que clareou os tons médios mais claros e escureceu os tons médios mais escuros. Na quinta, foi criado um contraste mais forte, fazendo com que os tons mais claros

Figura 5.6 – Diferentes predefinições de ajustes de cores do Adobe Premiere Pro

Figura 5.7 – Antes e depois da aplicação de brilho e contraste no Premiere Pro

Figura 5.8 – Imagem original e vários tipos de ajustes de curvas

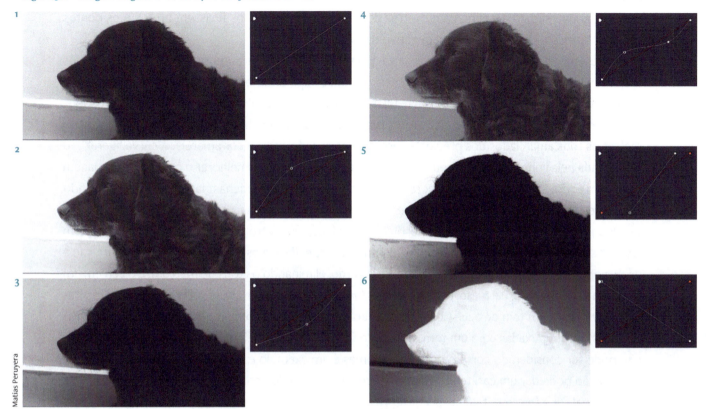

ficassem completamente brancos e os tons mais escuros, completamente pretos. Por último, na sexta imagem, a inversão do desenho da curva fez com que os pontos claros ficassem pretos e os pontos escuros, brancos – o resultado é um negativo da imagem original.

Em resumo, o desenho da linha representa quais valores – luzes ou sombras – vão ser aumentados ou diminuídos. As curvas também podem ser ajustadas separando os canais de cor. No exemplo da Figura 5.9, captada com a câmera de um celular, a curva do canal azul foi ajustada para realçar os tons mais claros, deixando o céu mais azul. As curvas dos canais vermelho e verde foram ajustadas para realçar os tons amarelados dos prédios – vermelho e verde formam a cor amarela. A curva "geral", representada pela linha branca, ganhou um formato de S, para clarear e melhorar o contraste da imagem como um todo, evidenciando as características dos prédios e as manchas da parede mais ao fundo. Os ajustes foram feitos no DaVinci Resolve.

Alguns programas, como o DaVinci Resolve e o Shotcut, têm outro tipo de controles, que permitem "puxar" sombras, tons médios e luzes para alguma cor específica. Nos exemplos a seguir (Figura 5.10 a 5.12), o objetivo do ajuste foi deixar a grama mais verde, eliminando os tons de marrom, e o céu em um tom de azul exagerado. Para isso, os tons médios (*midtones*) foram "puxados" pro verde, e as luzes altas (*highlights*), para um tom de azul. Como as capivaras estavam ficando muito esverdeadas, as sombras (*shadows*) foram puxadas para um tom oposto do verde, entre vermelho e magenta. O resultado final não pode ser considerado correto ou incorreto, mas é um exemplo exagerado de como o trabalho de colorização pode dar um caráter cinematográfico a uma cena do cotidiano, filmada com um celular.

Seja qual for a ferramenta que você prefere ou tem disponível, aproveite para tentar algo diferente. Modifique a "quantidade" de cada cor presente nos diferentes tons da imagem. Você também pode manipular as curvas para aumentar a quantidade de azul nas sombras e nas luzes, e aumentar o vermelho e um pouco do verde nos tons médios – a cor da pele. Você pode experimentar com outras cores, como deixar as sombras arroxeadas, as luzes mais amarelas, e ver se funciona para o seu filme. Os ajustes que aqui fizemos no Shotcut também podem ser feitos no Adobe Premiere Pro – com a ferramenta Lumetri – ou no já citado DaVinci Resolve.

Figura 5.9 – Antes e depois de ajuste de curvas

Figura 5.10 – Cena captada em um parque, antes do ajuste

Figura 5.11 – Ajustes de cor que foram aplicados no Shotcut

Figura 5.12 – Cena captada em um parque, depois do ajuste

153

Esses ajustes também funcionam para filmes monocromáticos. Você pode manipular as cores para conseguir diferentes efeitos que serão visíveis no preto e branco. Cuidado com efeitos preto e branco padrão, que costumam ser muito sem graça.

Dependendo do programa, também é possível selecionar quais áreas vão ter suas cores ajustadas. Na maioria dos *softwares*, a ferramenta para fazer isso é chamada *máscara*, e serve para fazer ajustes em determinadas partes dos *frames*. Seleções mais difusas funcionam melhor e correm menos risco de ficar evidentes.

Há várias outras maneiras de fazer ajustes na imagem. O DaVinci Resolve tem, inclusive na versão gratuita, recursos de ajustes de cor poderosos, já que ele foi concebido justamente para a correção de cor e depois acrescentou funções de edição. Verifique ajustes de luminosidade, níveis, balanço de cor, ajustes de predefinições etc. Teste diferentes programas, aprenda os recursos básicos e vá experimentando. Também dê uma olhada nos ajustes de nitidez e de desfoque, que também podem ser úteis na finalização do filme.

Cada tomada deve ser ajustada separadamente. Como provavelmente você não gravou com uma iluminação uniforme entre todas as tomadas, a luz e a cor vão ser diferentes – e precisarão de ajustes diferentes.

Por último, gere versões prévias e teste em vários monitores, televisores e projetores. Se você estiver organizando uma mostra, teste o filme no televisor ou projetor no qual ele será exibido. Não tome como base somente o seu equipamento, já que os ajustes de cores e contraste podem variar muito e o que ficou maravilhoso na sua tela pode ficar ruim na hora de ser exibido.

5.4 Sonorização

A menos que você esteja fazendo um filme mudo no estilo dos primórdios do cinema, terá que prestar muita atenção na sonorização. Na realidade, você terá que cuidar dessa questão ainda que o filme seja mudo, pois certamente ele terá uma trilha sonora musical para acompanhar as imagens.

Em alguns casos, o som pode até ser mais importante do que as imagens. Por isso, ele não pode ser negligenciado em nenhuma das etapas da produção. Ele é composto não só do áudio captado durante as filmagens, mas também de outros elementos, que podem ser melhorados ou adicionados durante a edição, entretanto, devem ter sido previstos no roteiro. Vamos ver as características de cada um deles, a partir da classificação feita por Kellison (2007).

5.4.1 Diálogo

O diálogo geralmente é o som principal de um filme. Pode ser gravado junto com o som ambiente, principalmente quando é feita a captação direta junto das imagens. Em algumas produções, os atores dublam a si mesmos, para garantir a qualidade do som.

5.4.2 Narração

Típico de documentários e materiais jornalísticos, mas que também pode ser usado em obras de ficção, a narração é uma voz que é falada sem ter ligação com a cena. Trata-se de um elemento que pode ajudar o espectador a entender o que está acontecendo na história, por meio de explicações. Também é possível usar a voz de algum dos personagens, como se ele estivesse contando a história para alguém. É um recurso narrativo interessante que pode modificar completamente uma produção.

5.4.3 Efeitos sonoros

Além da trilha sonora, da narração e dos diálogos, os efeitos sonoros ajudam a contar a história, levam o espectador a prestar atenção em detalhes importantes e colaboram para a sensação de verossimilhança da produção. Às vezes, esses efeitos podem substituir uma imagem. Uma explosão pode ser difícil de ser produzida, principalmente em produções "caseiras"; mas as imagens de uma explosão podem, com os devidos cuidados, ser substituídas pelo efeito sonoro que será ouvido pelos personagens e por quem está assistindo ao filme. Uma freada brusca seguida do som de uma batida representa um acidente sem a necessidade de ser filmado um carro batendo. Um copo caindo no chão, se acompanhado de um efeito sonoro bem editado de vidro quebrando, parece mais realista do que se simplesmente mantivermos o som captado pela câmera.

Além disso, os efeitos sonoros não servem somente para situações importantes para a narrativa. Eles podem ajudar a enriquecer uma cena. Por exemplo, se no filme alguém está lendo um livro, o som das páginas sendo viradas e se esfregando umas nas outras ajuda o espectador a sentir-se mais imerso, além de chamar a atenção para o fato de que o ator está lendo um livro. Sons que reforcem movimentos também são importantes, como passos, os sons da dobradiça e da maçaneta de uma porta que se abre ou fecha, o barulho de um copo que é colocado sobre a mesa, entre outros.

Há bancos de efeitos sonoros gratuitos e de uso livre que podem ser utilizados na edição final de um filme. Outra possibilidade, mais divertida, é gravar os sons necessários usando objetos caseiros para conseguir gravações melhores para serem utilizadas na edição de áudio.

O som ambiente também é importante. Digamos que você está gravando uma cena em um parque, em um dia de sol. Provavelmente você não vai conseguir captar o canto dos pássaros, talvez porque não havia pássaros no dia da gravação. Mas eles podem ser acrescentados na edição, colaborando para o clima geral da cena.

5.4.4 *Room tone*

Um quarto ou outro ambiente no qual será gravada uma cena pode parecer estar em silêncio para nossos ouvidos, mas não vai estar em silêncio para nossos microfones. Um ambiente grande vai ter um "silêncio" diferente de um ambiente menor. Por isso, não podemos simplesmente eliminar o som de uma cena, principalmente se formos utilizar outros sons captados nesse mesmo ambiente.

Digamos que você quer tirar o som de uma parte da cena que não tem diálogos porque durante a gravação passou um carro buzinando na rua, porém, na mesma cena, gravada no mesmo lugar, você precisa usar imagens com diálogos. Acontece que esses diálogos foram gravados junto com o som ambiente do lugar – isso que nós consideramos silêncio, mas que nossos microfones não. Ou seja, a diferença entre um "silêncio" e outro será perceptível no resultado.

Por isso, durante as filmagens, é necessário que sejam gravados alguns segundos desse "silêncio" do ambiente. É o chamado *room tone*. Esse barulho imperceptível pode ser muito valioso na hora da edição. Assim, continuando com o exemplo do carro que passou buzinando durante a cena, você pode aproveitar as imagens dessa gravação e substituir o áudio pelo *room tone* que teve a precaução de captar durante as filmagens.

5.4.5 Música

Há filmes que são mais cultuados pela trilha sonora do que pelo filme em si. Há músicas que fazem com que uma cena que talvez fosse trivial fique imponente e tenha destaque dentro de um filme. Uma música pode mudar completamente o tom de uma cena. Aproveite o poder da música para que seu filme se torne uma experiência completa.

É importante cuidar das questões de direitos autorais. Pode ser tolerável utilizar uma música em um filme que vá ser pouco difundido, mas um filme disponibilizado *online*, que contenha alguma música sem o pagamento de direitos autorais, pode ser retirado do ar. Desse modo, prefira usar conteúdo de bancos sonoros de uso livre e gratuito. É melhor não correr riscos.

5.4.6 Melhorando o áudio

A melhor maneira de editar o áudio é ter captado ele direito e não precisar mexer nele depois. Mas isso nem sempre acontece.

Os recursos de edição de áudio não são voltados necessariamente para consertar problemas. Há vários aspectos do áudio que podem ser melhorados. É possível eliminar o ruído de fundo, típico do som gravado com o

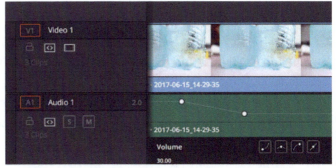

Figura 5.13 – Linha representando uma diminuição do volume do som no vídeo no DaVinci Resolve

microfone da câmera, que pode captar mais do que o necessário. Também é possível melhorar o som por meio de recursos como *compressão* e *equalização*. E se precisarmos de algum efeito especial, como fazer alguém falar com voz de robô, também é possível. Além, é claro, de operações básicas, como reduzir o volume, geralmente representada com uma linha. Na Figura 5.13 é possível observar uma diminuição no volume, representada pela linha inclinada.

Para essas situações, é mais prático usar os recursos do programa de edição de vídeo, na própria linha do tempo do programa ou em outros elementos da interface. Também é possível exportar o áudio para ser editado em um programa específico, mas o som pode ser difícil de sincronizar depois. Um programa livre e gratuito com vários recursos para edição de áudio é o Audacity, o qual pode ser útil, por exemplo, para editar efeitos sonoros antes de importá-los para o programa de edição de vídeo.

5.5 Especificações técnicas para divulgação

De nada adianta tomarmos cuidado com todo o processo de produção se o resultado final for um arquivo de qualidade ruim. Não estamos nos referindo à qualidade das imagens captadas ou do roteiro, mas ao formato de arquivo e à resolução que vamos usar. O arquivo final de uma produção precisa honrar o trabalho que várias pessoas tiveram para chegar ao resultado. O momento de exportar o vídeo, também conhecido como *renderizar*, precisa ser feito com cuidado.

Para isso, vamos entender como funciona a compressão em arquivos de vídeo, e então ver como configurar alguns parâmetros para que a obra seja exibida com a qualidade que merece.

5.5.1 Compressão

Geralmente qualquer arquivo de vídeo passa por algum processo de compressão, para que o tamanho dele diminua. Vamos fazer um cálculo.

Um *frame* de vídeo Full HD tem 1920 *pixels* de largura por 1080 pixels de altura. 1920 × 1080 = 2.073.600 pixels. Cada *pixel* precisa de 1 *byte* para cada cor básica (vermelho, verde, azul), então cada *frame* vai ocupar 6.220.800 bytes, ou seja, 5,9 *megabytes*. A 24 *frames* por segundo, cada segundo vai ocupar 142 Mb, um minuto vai ocupar 8,3 Gb – dois DVDs – e uma hora vai ocupar 500 Gb – o tamanho médio de um disco rígido de computador.

Assim, para evitar os problemas decorrentes de arquivos tão gigantescos, o vídeo digital passou a ser comprimido. Nos vídeos são usados algoritmos de compressão com perda, ou seja, parte da informação do vídeo é descartada para que o arquivo fique menor.

E que informação é descartada? Depende se a compressão usada é *intra-frame* ou *inter-frames*. Na compressão *intra-frame*, cada *frame* é comprimido separadamente. Na compressão *inter-frame*, as informações comuns a vários frames, como um fundo que não se modifica, são eliminadas.

Para realizar essa modificação foram desenvolvidos os chamados *codecs* – abreviatura de codificador/decodificador. Os codecs são trechos de *software* que, a partir de uma informação bruta, como a gerada por uma câmera, codificam o vídeo já compactado e o salvam no cartão de memória da câmera. Quando for necessário reproduzir o vídeo – na própria câmera, no celular, em um computador etc. –, o *codec* decodifica esse vídeo.

Há vários *codecs*, mas o mais utilizado atualmente, devido à versatilidade, é o H.264, aplicado geralmente em arquivos com extensão mp4. Ele consegue bons resultados, gerando arquivos pequenos sem tanta perda de qualidade.

5.5.2 Cuidados ao exportar o vídeo

Quanto menor o arquivo, mais perda de informação o vídeo sofrerá, consequentemente, diminuindo a qualidade. Para evitar isso, precisamos configurar com cuidado os parâmetros de exportação do nosso arquivo. Nas Figuras 5.14 e 5.15 é possível observar as telas de configurações de exportação do DaVinci Resolve e do Shotcut.

Primeiro, pense qual o destino da sua produção. Se você for postar o filme na plataforma YouTube, para ser visto em celulares e computadores, trabalhar em *full HD* é mais do que suficiente. Talvez você

Figura 5.14 – Trecho das configurações de exportação do DaVinci Resolve

Figura 5.15 – Trecho das configurações de exportação do Shotcut

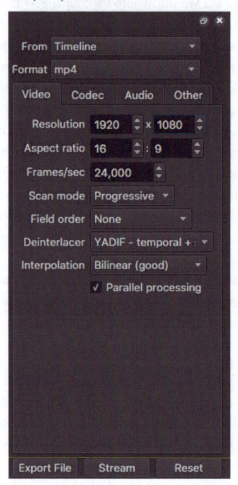

precise comprimir o arquivo um pouco mais, para que o envio do material não demore muito. Em outras situações, comprimir mais e até diminuir o tamanho do *frame* pode ser recomendável.

Quanto ao tamanho, o padrão *full HD* (1920 × 1080) já é o modelo adotado na maioria de câmeras e celulares. O ideal é manter a mesma resolução dos arquivos gravados. Há celulares e câmeras que gravam em 4K (3840 × 2160), mas um arquivo desse tamanho pode ficar grande demais e difícil de ser editado. Se você não gravou em 4K, não há necessidade de exportar em 4K.

Com relação ao *framerate*, o ideal é manter aquele que foi usado na captura. Porém, também podemos alterá-lo para modificar o visual do filme. Um *framerate* de 24 fps tem um visual mais próximo do cinema, enquanto uma produção a 30 fps parece mais com televisão ou vídeo. Modificar o *framerate* pode causar problemas na qualidade do vídeo, por isso é bom evitar essa mudança.

Outro fator importante é o *bitrate* do vídeo, que é a quantidade de informação de cada segundo de vídeo. Por exemplo, arquivos mp4 geralmente têm um *bitrate* de 10 mil kbps (*kilobits* por segundo). Veja qual o *bitrate* dos seus arquivos originais. Se você usou arquivos com *bitrates* diferentes, exporte no *bitrate* mais alto.

E não podemos esquecer do áudio, que é comprimido de uma maneira similar. Verifique a qualidade do áudio que foi captado, e mantenha os mesmos parâmetros – basicamente o *bitrate* e se o áudio é mono ou estéreo – ao exportar o trabalho.

Você também pode gerar várias versões do filme, mais comprimidas, menos comprimidas, para arquivar, para divulgar, para postar na internet, entre outras opções.

E fazer um DVD para tocar em um DVD player comum? Pode ser útil em algumas situações, mas não conte com ele para arquivar a informação. A compressão do DVD é a MPEG-2, já obsoleta. Além do mais, é complicado retirar o vídeo do DVD, e quando isso acontece, o vídeo perde muita qualidade. O mesmo acontece com o formato Blu-Ray.

Além da capacidade de processamento do computador no qual você estiver trabalhando, considere que, dependendo da quantidade de efeitos e correção de cor aplicados no arquivo, o processo de exportar um vídeo pode demorar bastante, até algumas horas. Portanto, não deixe para última hora.

Por último, cuide bem de como você vai armazenar seus arquivos. O ideal é armazená-los em algum disco externo. Tenha em mente que ter acesso aos arquivos originais pode permitir que você modifique e melhore o filme. Talvez no futuro você queira que o seu filme seja reeditado em 4K, caso se torne uma diretora ou diretor famoso.

Síntese

A pós-produção é uma etapa tipicamente negligenciada diante do trabalho – e diversão, por que não? – da produção, seja em filmes com atores, seja em filmes de animação. A edição não se trata de simplesmente reunir o que foi gravado e pôr um título; é com ela que a narrativa é construída, o tom de uma história é dado e a plateia não se entedia. Neste capítulo vimos diversos recursos que podem realçar as qualidades de um curta-metragem, e ser aplicados com certa facilidade – afinal, não custa nada tentar melhorar a cor de uma cena, já que você pode utilizar um *software* que tem diversos recursos disponíveis.

Atividades de autoavaliação

1. O que é decupagem?
    a) A sincronização dos arquivos de vídeo com os de áudio.
    b) Uma seleção prévia do material gravado.
    c) A organização dos arquivos de vídeo na sequência correta.
    d) Uma cópia de segurança dos arquivos gravados da câmera.

2. Qual termo a seguir se relaciona melhor aos ajustes de brilho, contraste e cor de um vídeo?
    a) Edição.
    b) Decupagem.
    c) Colorização.
    d) Colorimetria.

3. Quando ocorre a quebra de eixo em um filme?
    a) Quando os atores olham para a câmera, como se estivessem olhando para quem está assistindo ao filme.
    b) Quando a direção de uma ação da tela é mantida para indicar que o personagem está indo para o mesmo lugar.
    c) Quando é feito um corte abrupto para enquadrar algo importante da cena.
    d) Quando a direção de uma ação da tela é invertida, confundindo o espectador.

4. O que é um plano de localização?
    a) Um plano prévio da cena, para dar ao editor um ponto de corte.
    b) Um plano que mostra o lugar no qual vão acontecer as próximas cenas.
    c) Uma tomada aérea para mostrar o lugar no qual a ação vai acontecer.
    d) Um documento anexo ao *storyboard* para indicar as posições dos atores.

5. O que é um J-cut?
    a) Um corte de edição no qual o diálogo continua enquanto a câmera se afasta.
    b) Uma técnica de edição para evitar o uso do *room tone*.
    c) Um corte de edição no qual o som de uma tomada anterior continua a ser ouvido enquanto a imagem da tomada seguinte aparece.
    d) Um corte de edição no qual o som da tomada seguinte começa a ser ouvido antes de a imagem aparecer.

Atividades de aprendizagem

Questões para reflexão

1. Escolha uma cena de um filme ou seriado e analise como foram feitos os cortes de cena e o sentido ao qual as pessoas – ou os carros ou qualquer outro objeto que tenha direção – se direcionam.

2. Procure uma cena de algum filme do diretor Wes Anderson – ou melhor, assista ao filme inteiro. Quais são as características do uso de cor no filme? Como o trabalho deve ter sido feito?

Atividade aplicada: prática

1. No Capítulo 3 propusemos um exercício para você conhecer a sua câmera. Agora você vai usar esses conhecimentos para gravar uma cena na qual vai acontecer um diálogo. Escreva um diálogo simples entre duas pessoas. Filme esse diálogo, primeiro, com todas as falas de uma pessoa e, depois, com todas as falas da outra. Inclusive, os dois papéis podem ser interpretados pela mesma pessoa. Cuide os enquadramentos. Talvez seja interessante trabalhar com mais de um tipo de plano. Em seguida, você deve editar o material. Baixe algum programa de edição de vídeos e edite o diálogo usando J-cut e L-cut. Colorize a cena com algum *preset* adequado ou faça seus próprios ajustes. Depois, divulgue o resultado.

Promoção e divulgação de um projeto audiovisual

Finalizada a produção, seja de um filme do tipo *live-action*, seja de um filme de animação, agora o que queremos é que ele seja visto. Foi para isso que foi feito, não? Então, como promovê-lo e divulgá-lo?

Já vimos no que consistem as etapas de pré-produção, produção e pós-produção. Neste capítulo, vamos tratar do mercado do audiovisual. Em cada uma dessas etapas, podemos ter em mente objetivos mercadológicos diferentes para distribuir e divulgar nossa produção.

A ideia é emprestarmos técnicas de publicidade e *marketing* para conseguirmos divulgar o filme. Mas antes, vamos conhecer algumas dessas técnicas para obter um financiamento do nosso projeto. Vamos também ver quais estratégias podemos usar durante as etapas da produção.

O objetivo deste capítulo é mostrar a você quais os recursos e as tarefas que temos disponíveis e que podem nos ajudar a executar o projeto. Afinal, fazer uma animação ou um curta é algo divertido, mas quepode ficar ainda mais interessante se recebermos um valor para investir no material.

6.1 Levantamento de recursos

Para levantar recursos, primeiro é necessário fazer um orçamento. Já vimos como fazê-lo no Capítulo 2. Agora vamos retomar essa ideia, também com base em Kellison (2007).

No início, é preciso que você tenha clara a ideia original do seu roteiro para poder trabalhar as possiblidades desafiadoras de cobrir os custos orçamentários. É necessário começar pela elaboração de um pré-projeto, visando a organização e a apresentação de necessidades e recursos da produção. Na elaboração do pré-projeto, precisamos identificar, selecionar e indicar quais recursos materiais, imateriais e humanos que são imprescindíveis na realização do projeto.

Na fase de pré-produção, Kellison (2007) destaca a importância de haver um roteiro e da constituição de uma equipe de pré-produção, que será responsável pelos primeiros argumentos – escritores – e *storyboards* – ilustradores e artistas visuais. Uma equipe pequena implica custos orçamentários menores, mas à medida que o projeto avançar, mais recursos financeiros deverão ser alocados. Nesta fase também são contatados os possíveis colaboradores técnicos e assistentes. Esse primeiro time deve contar com um diretor e um produtor: ambos se envolverão em reuniões para fazer revisões, contratar equipes técnicas e de elenco, fazer o cronograma de filmagem e começar a buscar locações e escolher equipamentos.

Por que estamos relembrando isso? Porque ter um planejamento é fundamental para conseguir financiamento. Seja qual for a fonte do dinheiro, ela vai querer ter certeza que o dinheiro vai ser bem empregado. Editais exigem prestações de contas detalhadas, e um financiamento coletivo tem mais possibilidade de sucesso se quem o estiver produzindo for transparente quanto ao destino do dinheiro.

Por isso, esse primeiro orçamento visa demonstrar o que foi mapeado, negociado e quais serão os custos, fixos e previstos. Esse orçamento deve alocar o cachê do produtor, o pagamento do diretor, dos artistas visuais e escritores envolvidos na primeira fase do projeto, bem como quaisquer custos administrativos, e os recursos necessários à promoção e divulgação. Dependendo da situação, também podem ser inclusos gastos com passagens e hospedagem dos integrantes da equipe para algum festival no qual será apresentado o audiovisual.

Outro instrumento importante para o levantamento de recursos é o cronograma (Figura 6.1), que auxilia a organização, a compreensão e a distribuição ordenada do planejamento: apresenta os objetivos e as responsabilidades de execução de cada tarefa necessária ao projeto. Assim como o orçamento, é uma peça que situa como o dinheiro será investido – e quanto tempo será necessário para alcançar o resultado do investimento.

Em todos esses processos, alguém terá que assumir a função de secretariar o levantamento das informações necessárias. Selecionamos, a partir de Marlene Matias (2013), alguns serviços de secretaria necessários à preparação de um projeto: elaboração e despacho de correspondências; elaboração de textos para eventuais patrocinadores, parceiros e veículos de mídia; levantamento de preços e orçamentos; identificação e seleção de prestadores de serviços; levantamento de profissionais, artistas e agentes; abertura de conta bancária; organização de redes de contatos, entidades e empresas que possam cooperar com o projeto; elaboração de um estudo prévio de possíveis locações e equipamentos etc.

Assim como as tarefas da produção de um filme, essas funções precisam ser distribuídas e ficar clara a função de cada pessoa.

Uma vez feita a parte monetária do planejamento do nosso produto audiovisual, vamos considerar algumas possibilidades de financiamento. Se você conseguir autofinanciar a sua obra, ótimo. Caso contrário, tente alguma – ou algumas – das ideias a seguir.

6.1.1 Editais

Uma das estratégias para o levantamento de recursos de um projeto é procurar editais, chamadas e licitações, públicas ou privadas, relacionadas a projetos artísticos.

Figura 6.1 – Modelo de cronograma geral

Título do filme:
Produtora/Estúdio:
Direção:

	Atividade	Responsável	Data de início	Data-limite	Observações
Pré-produção	Aprovação do orçamento				
	Escolha das locações				
	Definição do elenco				
	Definição dos cenários				
	Definição dos elementos cenográficos				
	Definição de figurino e maquiagem				
	Definição do equipamento				
	Desenvolvimento do roteiro				
	Elaboração do *storyboard*				
Produção	Produção de cena				
	Captação das imagens				
Pós-produção	Decupagem e organização dos arquivos				
	Edição				

Fonte: Elaborado com base em Matias, 2013; Campos, 2008; Kellison, 2007.

Os editais de seleção de projetos de cultura às vezes são bem específicos, sobretudo quando o interessado deseja captar recursos para a produção de um filme. Participar de editais envolve registrar, tramitar e prestar contas. Eles costumam ser lançados com antecedência de um ano ou menos. Empresas, organizações e fundações públicas e privadas, instituições financeiras e de educação fomentam os editais de seleção de projetos de incentivo à cultura. Na área privada, as indústrias que mais financiam projetos artístico-culturais são instituições do mercado financeiro e de seguros, indústrias de bebidas, fabricantes de material desportivo, meios de comunicação, montadoras de veículos, redes de varejo, editoras e livrarias.

Lembre-se da importância da legislação, que em nosso país promove, apoia e fomenta a cultura: na esfera federal temos a Lei Rouanet, uma lei de incentivo à cultura, que funciona por três mecanismos: 1) o Fundo Nacional de Cultura (FNC); 2) o incentivo fiscal; 3) o Fundo de Investimento Cultural e Artístico (Ficart). Há ainda o Salic (Sistema de Apoio às Leis de Incentivo à Cultura), do Ministério da Cultura, mas também existem iniciativas estaduais e municipais. Sendo assim, convém que você consulte as páginas oficiais de órgãos, empresas e autarquias vá se familiarizando com as particularidades do mecenato.

Quando seu projeto é inscrito em editais de incentivo à cultura, é importante notar que são necessários vários requisitos prévios para admissibilidade e, também, faz-se necessário estimar quanto será investido. Seu orçamento deve aferir tanto a organização, a produção e a execução do filme como também o investimento na distribuição e divulgação: esses elementos ou quaisquer outros serviços necessários precisam estar orçados em detalhes.

Nos processos de seleção, as partes envolvidas, em algum momento da pré ou pós-seleção, celebram a assinatura de um ou mais contratos. Conforme Matias (2013), no que diz respeito a produção de um filme em si, existem contratos de diferentes tipos: de administração, de incentivo, mistos ou de percentuais. A autora também assinala que cada tipo de contrato apresentará particularidades, que podem abranger cessão de direitos, honorários e remuneração, dispensação de crédito, cobrança ou partilha de porcentuais, estabelecimento de valores fixos, direitos e deveres das partes etc. Para projetos complexos e que exijam elevado orçamento, é recomendável que seja contratado ou consultado um profissional da área jurídica e contábil.

6.1.2 Patrocinadores

Outro caminho para obter um financiamento é buscar patrocinadores e apoiadores. O patrocínio pode ser retribuído com a colocação do logotipo do patrocinador no começo do filme, por exemplo. Ou, quem sabe, comum *merchandising* – quando o produto do investidor aparece na produção, forma de publicidade muito comum em novelas.

Nem sempre patrocínio é em dinheiro. Empresas de aluguel de equipamentos podem emprestar os equipamentos, e isso é um tipo de patrocínio. Padarias podem fornecer comida para os lanches da equipe ou para o evento de lançamento do filme. Pense quais empresas podem colaborar com o seu projeto, e esteja disposto a aceitar qualquer tipo de ajuda.

6.1.3 Financiamento coletivo

O financiamento coletivo, também conhecido como *crowdfunding*, é uma forma de levantar recursos na qual uma pessoa ou organização propõe, através de uma plataforma específica, que as pessoas colaborem com um projeto antecipadamente. Deve constar a descrição do projeto e o valor que será necessário para executá-lo, além disso, podem ser disponibilizadas recompensas proporcionais à quantia oferecida pelas pessoas. Quem estiver interessado em colaborar deve pagar a quantia e receber a recompensa – geralmente quando o projeto for completado.

Essa forma de financiamento abriu muitas possibilidades para produções independentes. Quadrinhistas independentes, por exemplo, financiam a impressão de seus livros dessa maneira. Assim, eles não dependem de serem contratados por editoras.

Um caso de *crowdfunding* bem-sucedido foi realizado para um disco da musicista Amanda Palmer (2013). Ela, que esperava arrecadar 100 mil dólares, arrecadou 1,5 milhão. A cantora palestrou sobre a sua experiência em uma TED Talk (evento de palestras) chamada *A arte de pedir*, que também virou livro.

As plataformas mais conhecidas são Kickstarter, IndieGoGo e GoFundMe. No Brasil, as mais populares são Kickante e Catarse. Há também o *site* brasileiro Vakinha, que não é exatamente uma plataforma de financiamento coletivo e sim uma plataforma para as pessoas receberem doações em dinheiro.

> **Importante!**
>
> E como posso fazer uma campanha de financiamento coletivo?
>
> Comece estruturando a campanha. Faça e divulgue o orçamento. Seja transparente e informe todos os gastos que serão necessários. Planeje também as recompensas que quem colaborar vai receber. Elas podem ser "virtuais", como acesso antecipado ao filme ou ao *making of*, brindes como *buttons*, pôsteres, DVDs, ou participação em eventos – mais comuns em financiamentos de álbuns, nos quais os músicos podem oferecer como recompensa a colaborações maiores um *show*, por exemplo. Pense em recompensas criativas. Afinal, uma pessoa usando uma camiseta do filme, além de ter ajudado com dinheiro, está divulgando a sua produção.
>
> Considere as peculiaridades de cada plataforma. Leia os termos com cuidado. Há campanhas nas quais você recebe o dinheiro mesmo que o objetivo não for alcançado. As taxas administrativas podem superar os 10% do arrecadado – considere esse valor no orçamento, o qual também deve prever o custo das recompensas.

6.2 Planejamento

A divulgação de um projeto, se bem planejada e executada, pode vir a ampliar as possibilidades de exibição do seu filme de animação. Para isso, iremos explorar algumas estratégias da propaganda e do *marketing*.

Quais são as estratégias e as táticas que serão planejadas? Para responder essa questão é necessário elaborar um plano de *marketing*, ou um esboço de um esforço de *marketing*. Profissionais de *marketing*, administração, publicidade e do *design* trabalham com planejamento, portanto, se possível, consulte ou assessore-se de alguns desses profissionais. A colaboração de pessoas com esses perfis também pode ser considerada uma forma de patrocínio.

Proponha atividades e discuta com sua equipe quais os principais diferenciais do seu produto. Sugerimos três etapas: reuniões com a equipe criativa (*designers* gráficos, publicitários, roteiristas, produtores e direção) no início, durante e próximo ao final da execução do filme.

Todo o planejamento de *marketing* ou mercadológico vai ser composto de um objetivo descrito em um projeto – até que o seu filme esteja finalizado e pronto para ser distribuído, ele é um projeto. Assim, para melhorar a execução de seu projeto sugerimos que você selecione ou pesquisas que possam identificar as características e as preferências do público e servirão de objeto de análise para a definição dos objetivos mercadológicos do projeto de audiovisual (por exemplo, a seleção e o resumo de relatórios socioeconômicos, culturais e sociais ou demográficos de algum instituto de pesquisa oficial).

Para sabermos o objetivo mercadológico ou de *marketing*, é necessária a análise da situação do projeto de audiovisual. Seu filme se encontra na fase de criação e concepção, de captação, de produção e execução, de edição/montagem ou de distribuição? Vamos sugerir algumas ações adequadas para cada uma dessas etapas.

6.2.1 Estratégias na fase de criação e concepção

O objetivo mercadológico do projeto nessa fase será torná-lo conhecido e promovê-lo. *Storyboards*, ilustrações, sinopses, descrição dos personagens, trama, gênero e público-alvo são informações pertinentes que serão utilizadas para negociar o seu projeto. Assim, convém ao produtor conhecer ao máximo o projeto em questão. Nessa fase também podem ser elaborados cartazes para divulgação e talvez um *trailer*.

Um cartaz ou um *trailer* podem chamar a atenção em redes sociais e despertar o interesse de algum possível investidor ou patrocinador; muitos filmes começaram com a divulgação desse tipo de material. Porém, se já existir algum acordo de exibição com alguma distribuidora, esses materiais provavelmente deverão estar de acordo com os padrões dessa empresa.

No caso da animação, as imagens e as ilustrações de personagens, cenários e ambientes são elementos importantes para serem utilizados como meios de divulgação, operando com a mesma força que existe quando atores posam para fotografias profissionais visando divulgar o elenco de seriados ou filmes.

Resumindo, o objetivo é divulgar que uma ideia está sendo gestada, e que serão necessários recursos para executá-la.

6.2.2 Estratégias na fase de captação de recursos

Os objetivos mercadológicos nessa fase são incentivar os patrocinadores, promover o produto filme, promover a equipe e começar a conhecer o público-alvo. Em relação a este último item, é importante conheceros seus hábitos de consumo de mídias, ou de situações nas quais o público se relaciona, se associa ou se interessa pelo argumento da história do filme.

Pense em materiais diferentes para cada possível patrocinador. Os discursos devem ser diferentes para um empresário e para o público de uma plataforma de financiamento coletivo. Em ambos os casos, e sempre que possível, exponha o que já foi feito, apresente o projeto, mostre que está tudo planejado, e que só falta o financiamento.

6.2.3 Estratégias na fase de lançamento/exibição

A fase de lançamento deve provocar uma ação por parte da audiência: assistir ao filme. É interessante que sejam produzidos e divulgados diferentes tipos de textos informativos, como *releases* de imprensa, que são textos com linguagem jornalística prontos para serem divulgados em jornais e *sites*. Também prepare textos para mostras, concursos, salas de exibição, museus e escolas.

Nessa fase as mídias sociais são importantes aliados do projeto. Fotos, cenas, imagens, *gifs* ou ilustrações devem acompanhar as postagens. Curiosidades, fatos interessantes e a trilha sonora também ampliam o interesse do público. Outras possibilidades de interação vêm do uso de máscaras e filtros que as pessoas aplicam em fotografias e em seus perfis das redes sociais e que são bastante populares.

Procure participar de eventos e levar seu filme de animação a diferentes públicos e proponha exibições gratuitas para algum segmento que seja relevante socialmente. Instituições associativas ou de voluntariado, de assistência social e de educação, casas de repouso, escolas públicas, creches e associações sem fins lucrativos são públicos que podem não frequentar ou ter acesso às salas de cinema.

6.2.4 O *briefing*

O *briefing* é uma ferramenta fundamental na comunicação. Basicamente, é um documento utilizado pelas agências de comunicação junto aos clientes: estabelece-se um problema de comunicação e se fornecem dados do produto que possam ser interessantes em definição de problemas, objetivos e criação de peças publicitárias.

Redigir um *briefing* é dos primeiros passos para a divulgação do seu projeto. Por isso, comece respondendo a algumas perguntas básicas que ajudam na orientação de estratégias e ações de comunicação que serão necessárias para divulgar o projeto. Para tal empreendimento é necessário que você conheça ou ao menos estime o tamanho de mercado a ser atendido e qual é o público-alvo. Veja a seguir questões cujas respostas irão auxiliá-lo a formar o *briefing*, adaptado para um produto audiovisual:

- **Qual** é a mensagem do filme? Faça uma breve descrição do material.
- **O que** a mensagem do filme vende ou anuncia? Aponte o argumento da história.
- **A quem** será exibido/anunciado? Indique o público-alvo: descrição do sexo, faixa etária, renda, ocupação e escolaridade.
- **Onde** será exibido? Destaque onde o produto será exibido: cinemas, festivais, cidades, área geográfica etc.
- **Como** será distribuído? Cite as principais praças (bairro, comunidade, cidade, áreas geográficas) cujo interesse seja a exibição, comercialização, promoção ou divulgação do seu filme de animação.

- **Quando** estará sendo exibido? Determine para quando a divulgação será necessária; apresente datas, hora do dia, ocasião, estação do ano.
- **Como** está sendo vendido/exibido? Explicite se é a estreia ou lançamento, se é um seriado, se é único, se é exclusivo a algum público.
- **Quanto** é a verba (orçamento do filme e/ou verba para comunicação)? Apresente um valor a ser alocado para a produção ou a divulgação (propaganda e/ou promoção) do projeto de audiovisual.
- **Qual o mote**? Explique se existe alguma informação que seja obrigatória, se há algum bordão ou frase que precise ser dita no que diz respeito ao seu projeto de audiovisual ou ao seu filme finalizado.
- **Posicionamento**? O posicionamento vem da publicidade: trata-se de uma frase ou conceito acerca de como uma empresa, uma marca, uma organização ou um serviço querem e podem ser percebidos. Na animação *Wall-E* (2008), da Pixar Animations Studios, o posicionamento destacava a produção da empresa – "Dos criadores de *Procurando Nemo* e *Carros*" –, referendando outros sucessos da grife Pixar.

Quando se trata de promover o projeto de um filme de animação é importante que você conheça a região ou a área em que tem interesse de captar patrocinadores para financiar, promover ou divulgar seu produto. Procure conhecer empresas e organizações importantes da sua cidade e região, bem como secretarias municipais e estaduais de cultura, desporto e educação. Outra dica é importante é que você esteja a par da legislação acerca de projetos de incentivo à cultura e ao cinema: em escala federal, temos os ministérios da cultura, da educação, da ciência e tecnologia, da saúde, do desporto; há ainda a Agência do Cinema Nacional (Ancine).

6.3 Durante a produção

Digamos que você já conseguiu o dinheiro para a produção do seu audiovisual. Isso é ótimo! Mas você não pode deixar seus financiadores sem notícias. Planeje a comunicação com investidores, parceiros e patrocinadores: cartas, relatórios, memorandos, cartões e *e-mails* de agradecimento. Esse é o objetivo da comunicação durante a etapa da produção.

Os parceiros e os investidores são o público mais próximo do projeto; é um público interno que deve ser mantido informado sobre a produção. Divulgue fotografias e vídeos do *making of* em redes sociais da internet, envie *e-mails* informando sobre o andamento do trabalho. Caso você tenha usado alguma plataforma de financiamento coletivo, pode enviar os *e-mails* a partir da própria plataforma.

Conforme já destacamos, algumas das recompensas de um financiamento coletivo podem dar acesso exclusivo a algo – por exemplo, quem contribuiu a partir de um determinado valor pode ter recebido o direito de assistir a algumas cenas gravadas em primeira mão. Não se esqueça disso.

Outros tipos de financiamento, como editais, podem exigir relatórios periódicos, com informações técnicas. Lembre-se de enviar tudo no prazo.

Durante a produção, lembre-se da comunicação interna com a a equipe. Mantenha-a engajada.

Nesta etapa você também pode começar a estudar o público que vai consumir o seu filme. As informações pessoais de quem financiou a produção são uma chance de você entender o perfil do público, direcionando corretamente futuros esforços de comunicação e divulgação.

Talvez seja o momento de divulgar novamente o cartaz do filme. Ele serve tanto à divulgação quanto para reforçar a identidade visual, pelo seu impacto. Cartazes podem ser utilizados como mídia exterior (um *outdoor*) ou como painéis de afixação local (*indoor*), próximo ao ponto de venda (sala de exibição, escolas, murais, transporte público etc.).

Mantenha os seus apoiadores informados inclusive sobre imprevistos. É uma atitude mais transparente do que deixá-los desconfiados diante de um atraso na entrega do material.

6.4 Finalização

A fase final de uma produção de filme é um momento importante que reflete nos artistas, profissionais criativos, produtores e os técnicos que estiveram envolvidos com resultado da produção. Ter a obra finalizada é motivo de orgulho para toda a equipe, e expressões de empolgação e de realização podem tomar conta dos ânimos, sendo um momento parecido com o orgulho de mães e pais cujos filhos conquistaram alguma coisa boa ou positiva.

Mercadologicamente falando, por mais emocionante que seja terminar um filme de animação, ser racional e preparar o cenário para a apresentação é algo muito importante. Nessa fase é necessário que você se comunique com o público-alvo e os públicos de interesse e faça a *premiere* ou exibição teste do trabalho. A finalização de um filme de animação é a hora de veiculação do *trailer*, seja para as redes sociais, seja para os cinemas, ou os sites de *streaming de vídeo* e a internet em geral.

Mais uma vez, entra em cena o produtor, ou o responsável pela divulgação. Novamente lança-se mão de textos para emitir a assessorias de imprensa e meios de comunicação. Pense num texto breve e com informações que destaquem e sejam relevantes o suficiente para divulgar o filme, desde os personagens, o enredo, o tema, a sinopse e as técnicas utilizadas e artistas envolvidos: esse texto pode ser lido em um programa de rádio ou vertido para um *site* ou plataforma digital. Ou em complemento a exibição de um trailer.

Em tempos digitais, a estratégia de publicar vídeos é bastante recomendada na hora de divulgar seu filme. Os formatos devem ser pensados para a multiplicidade de telas: *smartphones*, navegadores, *tablets*, televisão, painéis digitais de publicidade etc. Por exemplo, você pode publicar um *teaser*, um filme de 15 segundos que apresenta uma amostra do material, sem revelar muito sobre este, de modo a criar expectativa sobre o que virá depois – que geralmente é um *trailer*. Como estratégia de divulgação, os *teasers* antecedem as vendas de um produto ou serviço.

Grandes franquias e seus títulos trabalham a estratégia junto com a publicidade impressa. Exemplos como o seriado *Game of Thrones*, da HBO, *Young Sheldon*, da CBS, e *Star Wars*, da Lucasfilm – e, desde 2017, da Disney –, costumam ser divulgados massivamente em cartazes e filmetes que se complementam em diversas redes comunicativas: ao precederem uma nova temporada ou edição, o *teaser* e os *trailers* ensejam a curiosidade. Os formatos de tempo comuns de *teasers* são: para *web*, 5 segundos; telas maiores, até 15 segundos. Nas plataformas digitais e redes sociais, podemos divulgar gratuitamente o *trailer*. O formato varia, mas pense em algo por volta de 90 a 150 segundos.

Se um canal de televisão solicitar ou oferecer apoio na divulgação, montar um anúncio em audiovisual sob a forma de comercial televisivo pode ser útil. Na tevê trabalha-se o formato de 30 segundos ou até mesmo 45 segundos, que são o padrão, portanto será preciso resumir, cortar, adequar.

Produza e compartilhe nas redes sociais, aproveitando a capilaridade dos formatos. Se achar que vale a pena, inclua os distribuidores *online* na sua conversa. Vai que a Netflix se interessa, por exemplo?

Veja o que é fundamental ter preparado durante essa fase:

- Texto-*release* para imprensa
- Postagem em canais e redes sociais
- Artes e fotos para divulgação
- *Trailer* 30'
- *Teaser* 15'
- *Teaser* para *web* 5'

Na fase de finalização também são exploradas as possibilidades de inscrição em festivais e premiações nas quais o filme pode ser exibido, apreciado ou participar de mostra competitiva. Convém que você esteja a par de prazos, páginas *web* e fóruns sobre festivais de cinema, festivais culturais e mostras e prêmios nas categorias para filmes.

6.5 Divulgação

Uma dica importante: negocie com os profissionais técnicos e artistas, pense em promover *merchandising* e invista em ações da *web*: divulgue via redes sociais ou invista uma verba na promoção de seu conteúdo.

Em tempos digitais, as plataformas de compartilhamento de vídeos como o YouTube e o Vimeo são ferramentas eficazes para se comunicar com diversos públicos. Assim como as redes sociais, são espaços de divulgação do seu filme ou projeto. As plataformas digitais auxiliam na criação de perfis e permitem a publicação, exibição e veiculação de maneira gratuita. Entretanto você pode trabalhar estrategicamente a distribuição do conteúdo mediante o investimento em ações de web. O conteúdo patrocinado permite a segmentação de públicos a um custo diário e pode ser programado. Estar presente na internet é estimular visualizações e compartilhamentos, mas é também atuar proativamente na promoção de seu filme.

Pense também na monetização através de anúncios. O YouTube, por exemplo, paga aos produtores de conteúdo, desde que tenham feito o devido cadastro. Verifique o que é necessário para isso. Se você optar por esse caminho, uma estratégia é concentrar a divulgação para que as pessoas acessem o vídeo através do YouTube. Se você quiser usar o Facebook para a divulgação, por exemplo, em vez de pôr o vídeo inteiro nessa plataforma, ponha *links* para acesso ao YouTube, e deixe o Facebook para divulgar *teasers*, *trailers* e materiais curtos.

Outro lugar para divulgar o filme são os festivais. Ninguém vai ao cinema para assistir um filme de cinco minutos, certo? Contudo, quando há vários para serem vistos, aí vale a pena. Pesquise quais são os festivais que ocorrem perto da sua cidade, quais são os requisitos, e inscreva o seu filme neles. Ou melhor, pesquise antes, para adequar o filme aos requisitos do festival.

Indicações culturais

Alguns festivais para enviar seu curta – e para assistir

Há vários festivais que acontecem todo ano no Brasil. Aqui sugerimos alguns deles. Fique de olho também em festivais latino-americanos, que acontecem na Argentina, no Chile, no Peru e no Uruguai, entre outros países. Pesquise também festivais no resto do mundo.

ANIMACINE – Festival de Animação do Agreste. Disponível em: <https://www.animacine.com.br>. Acesso em: 11 out. 2019.

ANIMAGE – Festival Internacional de Animação de Pernambuco. Disponível em: <http://animagefestival.com>. Acesso em: 11 out. 2019.

ANIMAMUNDI – Festival Internacional de Animação do Brasil. Disponível em: <http://www.animamundi.com.br/pt>. Acesso em: 30 abr. 2019.

FESTIVAL PERMANENTE DO MINUTO. Disponível em: <http://festivaldominuto.com.br>. Acesso em: 11 out. 2019.

LANTERNA MÁGICA – Festival Internacional de Animação. Disponível em: <http://lanternamagicafestival.com>. Acesso em: 11 out. 2019.

ITAÚ CULTURAL. **Mostra de curtas**: animação nacional. Disponível em: <http://www.itaucultural.org.br/mostra-de-curtas-animacao-nacional>. Acesso em: 11 out. 2019.

Outra possibilidade é você criar o seu próprio festival. É uma ideia meio louca, que vai dar muito trabalho, mas pode ser um sucesso.

Síntese

Neste capítulo vimos que se você tiver um pouco mais de ambição em relação ao seu projeto, vai precisar de ajuda de outras pessoas, tanto para divulgar o produto audiovisual, como para conseguir um valor para financiamento. Assim, a melhor maneira de convencer essas pessoas é mostrar que você sabe o que está fazendo, que tem um plano, e que vai conseguir cumpri-lo. Saiba aproveitar os recursos de editais, de financiamento coletivo, de patrocinadores. Aproprie-se de técnicas de comunicação, publicidade e *marketing*. Isso é o mínimo que o seu filme merece.

Atividades de autoavaliação

1. Qual a importância de um orçamento para a captação de patrocínios?
   a) Definir o cachê de cada profissional.
   b) Servir de base para preparar o cronograma.
   c) Mostrar seriedade e transparência.
   d) É exigência das plataformas de financiamento coletivo.

2. O que costuma ser oferecido em troca para apoiadores de um projeto de financiamento coletivo?
   a) Recompensas.
   b) Não é necessário oferecer nada.

c) Uma porcentagem do arrecadado.
d) Relatórios.

3. Qual é o objetivo principal das estratégias de *marketing* na fase de lançamento do projeto?
    a) Conseguir apoiadores.
    b) Divulgar imagens do *making of*.
    c) Conseguir patrocinadores.
    d) Conseguir espectadores.

4. O que deve ser comunicado durante a fase de produção? Assinale a alternativa correta:
    a) O andamento do projeto.
    b) Problemas e atrasos.
    c) Imagens da produção.
    d) Todas as opções anteriores.

5. O que é um *teaser*?
    a) Um filme de 15 segundos que dá uma pista de como vai ser o filme.
    b) Um filme de 90 segundos para convencer as pessoas a assistir o filme.
    c) Um texto para ser enviado para jornais e *sites*.
    d) Um documento que contém informações úteis para quem vai criar as estratégias de comunicação.

Atividades de aprendizagem

Questões para reflexão

1. O que você acha que levaria uma pessoa a querer contribuir com uma campanha de financiamento coletivo para um curta-metragem?

2. Qual a importância de um pré-projeto e/ou cronograma para a arrecadação de fundos?

Atividade aplicada: prática

1. Visite uma plataforma de financiamento coletivo. Estude as regras. A partir do argumento que você escreveu no exercício do Capítulo 2, faça um orçamento do filme. Com base nesse cálculo, planeje as recompensas para diferentes quantias contribuídas. Calcule então quanto você vai precisar arrecadar para pagar a comissão da plataforma e as recompensas. Então, só faltaria fazer um *trailer* e um cadastro para começar a arrecadar dinheiro para seu projeto.

Considerações finais

Agora seria o momento em que a tela escurece e aparece a palavra "Fim". Mas a ideia é que este livro seja apenas o começo. O próximo capítulo quem vai escrever é você. É a hora de escrever os roteiros, produzir imagens, fazer animações, procurar pessoas pra trabalhar, formar equipes, chamar seus amigos para atuar no seu filme.

Mostramos, por meio de conselhos e dicas, como levar a cabo essas produções, amadoras, caseiras, feitas com mais amor do que recursos. O trabalho com audiovisual não serve somente para aprender a fazer audiovisuais, mas combina vários conhecimentos, mais ou menos ligados às artes visuais. Em um ambiente pedagógico, criar um produto audiovisual pode ser usado para integrar vários tipos de conhecimentos.

Há vários motivos para trabalhar com audiovisual, basta encontrar o pretexto ideal para fazer isso – e, claro, fazer.

Referências

ANIMA MUNDI. **100 anos da animação brasileira**. Rio de Janeiro, 2017. Disponível em: <http://www.animamundi.com.br/pt/blog/100-anos-da-animacao-brasileira/>. Acesso em: 5 abr. 2019.

_____. **Muan**: um software para animar sua vida. 2014. Disponível em: <https://www.animamundi.com.br/pt/muan-um-software-para-animar-sua-vida>. Acesso em: 5 abr. 2019.

BERCHMANS, T. **A música do filme**: tudo o que você gostaria de saber sobre a música de cinema. 3. ed. São Paulo: Escrituras, 2008.

CAMPOS, F. **Produção de cinema e vídeo**. Rio de Janeiro, 2008.

CANUDO, R. **Manifeste des Sept Arts**. Paris: Séguier, 1923.

DANCYGER, K. **Técnicas de edição para cinema e vídeo**: história, teoria e prática. Rio de Janeiro: Elsevier, 2007.

FIELD, S. **Manual do roteiro**: os fundamentos do texto cinematográfico. Rio de Janeiro: Objetiva, 2006.

_____. **Roteiro**: os fundamentos do roteirismo. Curitiba: Arte & Letra, 2009.

JOHNSTON, O.; THOMAS, F. **The Illusion of Life**: Disney Animation. Nova York: Disney Edition, 1981.

KELLISON, C. **Produção e direção para TV e vídeo**: uma abordagem prática. Rio de Janeiro: Elsevier, 2007.

LIPPE, P. H. L. Como uma licença-maternidade salvou "Toy Story 2". **UOL**, São Paulo, 20 set. 2017. Disponível em: <https://jogos.uol.com.br/ultimas-noticias/2017/09/20/como-uma-licenca-maternidade-salvou-toy-story-2.htm>. Acesso em: 11 out. 2019.

LIU, B. **Deadline**: the Making Of. 5 jun. 2009. Disponível em: <https://www.youtube.com/watch?v=ArJYvaCCB3c>. Acesso em: 10 out. 2019.

LUCENA JUNIOR, A. **Arte da animação**: técnica e estética através da história. São Paulo: Senac, 2001.

MANOVICH, L. **The Language of New Media**. Cambridge: MIT Press, 2006.

MATIAS, M. **Organização de eventos**: procedimentos e técnicas. Barueri: Manole, 2013.

MCLUHAN, M. **Os meios de comunicação como extensões do homem**. São Paulo: Cultrix, 2014.

METZ, C. **A significação no cinema**. São Paulo: Perspectiva, 1972.

PALMER, A. The Art of Asking. **TED**, fev. 2013. Disponível em: <https://www.ted.com/talks/amanda_palmer_the_art_of_asking#t-691290>. Acesso em: 11 out. 2019.

SHIMIZU, H. Cinema digital made in Brasil. **Super Interessante**, 31 out. 2016. Disponível em: <https://super.abril.com.br/tecnologia/cinema-digital-made-in-brasil>. Acesso em: 11 out. 2019.

SKALLERUD, M. **A Year along the Abandoned Road**. 2012. Disponível em: <http://www.cameramagica.no/About_Year.htm>. Acesso em: 11 out. 2019.

SIBLEY, B. **Chicken Run**: Hatching the Movie. New York: Abrams, 2000.

STAM, R. **Introdução à teoria do cinema**. Campinas: Papirus, 2003.

VALIENTE, R. **Arte y técnica de la animación**. Buenos Aires: Ediciones de la Flor, 2011.

WHITAKER, H.; HALAS, J. **Timing for Animation**. Oxford: Elsevier, 1981.

WILLIAMS, R. **Manual de animação**: manual de métodos, princípios e fórmulas para animadores clássicos, de computador, de jogos, de stop motion e de internet. São Paulo: Senac, 2016.

XAVIER, I. **O discurso cinematográfico**: a opacidade e a transparência. São Paulo: Paz e Terra, 2008.

Bibliografia comentada

ALVES, M. N.; ANTONIUTTI, C. L.; FONTOURA, M. **Mídia e produção audiovisual**: uma introdução. Curitiba: Ibpex, 2008.

> Livro voltado principalmente para o mercado publicitário, útil para quem quiser um primeiro contato com teorias sobre comunicação de massa, e das peculiaridades da produção audiovisual no mercado publicitário.

CESNIK, F. de S. **Guia do incentivo à cultura**. Barueri: Manole, 2012.

> Um mapa do tesouro para quem quiser procurar financiamentos por meio de leis de incentivo à cultura.

GERBASE, C. **Primeiro filme**: o livro. Disponível em: <http://www.primeirofilme.com.br/site/o-livro/introducao>. Acesso em: 11 out. 2019.

> No contexto do Festival Meu Primeiro Filme, Carlos Gerbase oferece um livro *on-line* com várias dicas e algumas abordagens teóricas sobre como fazer um filme.

HAGEMEYER, R. R. **História & audiovisual**. Belo Horizonte: Autêntica, 2012.

> Um livro mais teórico, com várias considerações sobre a história do audiovisual e sobre videogames, televisão e outras tecnologias.

KELLISON, C. **Produção e direção para TV e vídeo**: uma abordagem prática. Rio de Janeiro: Elsevier, 2007.

> Um manual de produção audiovisual, que descreve detalhadamente todo o processo desde a concepção até a divulgação. Você deve ter visto várias referências a ele neste livro.

MACHADO, A. **Pré-cinemas & pós-cinemas**. São Paulo: Papirus, 2014.

>Dos principais pesquisadores brasileiros de audiovisual e cinema, a obra é uma coleção de artigos que abordam várias questões sobre imagem, fotografia, cinema, entre outros.

MOLETTA, A. **Fazendo cinema na escola**: arte audiovisual dentro e fora da sala de aula. São Paulo: Summus, 2014.

>De escrita muito divertida, o livro conta experiências e reproduz diálogos, que narram várias experiências da aplicação de filmes em sala de aula.

MASCARELLO, F. (Org.). **História do cinema mundial**. São Paulo: Papirus, 2014.

>Uma coletânea de artigos, cada um abordando um movimento da história do cinema. Interessante para ver as características de cada um.

NAPOLITANO, M. **Como usar o cinema na sala de aula**. São Paulo: Contexto, 2011.

>Como o título indica, o livro trata sobre o uso de filmes na sala de aula. Alguns dos temas abordados podem ser úteis também para quem deseja trabalhar a produção audiovisual em sala.

WILLIAMS, R. **Manual de animação**: manual de métodos, princípios e fórmulas para animadores clássicos, de computador, de jogos, de stop motion e de internet. São Paulo: Senac, 2016.

>Um grande livro – inclusive no sentido literal – que aborda várias técnicas de animação. É um verdadeiro tratado, alternando as técnicas com experiências do autor.

CASTAGINI, A. da S.; BALVEDI, F. **Ilustração digital e animação**. Curitiba: SEED-PR, 2010. (Série Cadernos Temáticos). Disponível em: <http://www.educadores.diaadia.pr.gov.br/arquivos/File/cadernos_tematicos/ilustracao_digital_animacao.pdf>. Acesso em: 11 out. 2019.

NOCKO, C. **Produções de áudio**: fundamentos. Curitiba: SEED-PR, 2011. (Série Cadernos Temáticos). Disponível em: <http://www.educadores.diaadia.pr.gov.br/arquivos/File/pdf/tematicos_producoesaudio.pdf>. Acesso em: 11 out. 2019.

PADILHA, M. R. N.; MUNHOZ, M. **Fotografia e audiovisuais**. Curitiba: SEED-PR, 2010. (Série Cadernos Temáticos). Disponível em: <http://www.educadores.diaadia.pr.gov.br/arquivos/File/cadernos_tematicos/fotografia_audiovisuais.pdf>. Acesso em: 11 out. 2019.

> Essas três últimas indicações são sobre cadernos breves que tratam vários temas. Elaborados pela Secretaria de Educação do Paraná, com uma linguagem mais prática, são adequados para serem indicados inclusive a crianças e adolescentes.

Respostas

Capítulo 1

Atividades de autoavaliação

1. a
2. c
3. b
4. d
5. b

Atividades de aprendizagem

Questões para reflexão

1. As técnicas de Lotte Reiniger se caracterizam pela economia de trabalho, evitando-se que seja necessário redesenhar elementos que permanecem os mesmos, como fundos. Essa otimização do trabalho permite, por exemplo, produzir animações com mais agilidade – como de fato foi feito em desenhos animados para a televisão – ou para aproveitar o tempo para fazer um trabalho mais aprimorado.
2. Geralmente filmes de animação com temas mais sérios são associados ao uso de técnicas mais alternativas, como *stop motion*, com uma linguagem mais triste e histórias mais próximas de um drama. Claro que nem toda animação mais "adulta" é dessa maneira, esse apenas é um padrão que se repete.

Capítulo 2

Atividades de autoavaliação

1. c
2. b
3. d
4. d
5. b

Atividades de aprendizagem

Questões para reflexão

1. O contra-*plongée* é usado para dar uma sensação de que o espectador é "menor" do que o que está sendo filmado. É usado para dar uma sensação de impotência, de admiração, de pequenez em relação à cena.
2. Não usar roteiros ou *storyboards* pode ser algo comum em produções mais experimentais ou em produções que se baseiam em material pré-gravado, entre outras situações. A reflexão que buscamos é acerca da utilidade e das vantagens de um planejamento, de qualquer tipo, ainda que este não inclua roteiros e *storyboards*.

Capítulo 3

Atividades de autoavaliação

1. c
2. a
3. d
4. a
5. d

Atividades de aprendizagem

Questões para reflexão

1. A reflexão que buscamos é sobre a importância de fatores como a história a ser narrada e os conhecimentos e sensibilidade de quem narra essa história através de filmes e animações. O filme de Michael Gondry provavelmente não teria melhorado muito com outros tipos de câmera, mas certamente teria sido feito de outra maneira – talvez com menos qualidade, seja lá qual for a ideia de qualidade – se fosse feito por outra pessoa.
2. O objetivo de fazer essas listagens é ter uma noção, novamente, da relação entre equipamento, ideias e vontade de fazer uma produção audiovisual. Reflita sobre o que está limitando suas ideias, se é o equipamento ou se você poderia produzir um trabalho com os recursos que você tem ao seu alcance.

Capítulo 4

Atividades de autoavaliação

1. d
2. c
3. a
4. d
5. c

Atividades de aprendizagem

Questões para reflexão

1. Pes fez associações de formas, como a semelhança entre notas autoadesivas e manteiga ou um caleidoscópio e um moedor de pimenta. Essas associações dizem respeito a como objetos do dia a dia podem ser usados em animação, para contar uma história ou, como no caso das animações de Pes, brincar com a semelhança das formas dos objetos. Provavelmente é tudo feito quadro a quadro, e acreditamos que sim, é possível fazer animações similares – só não vale copiar a ideia por completo.
2. Além do *stop motion*, é possível identificar o *time-lapse*, no momento da pessoa "tricotando" os instrumentos. Esse é um elemento similar ao de *Humorous Phases of Funny Faces*, a presença de alguém produzindo a animação. O gigante sendo construído foi, provavelmente, feito em crochê e fotografado enquanto ele era desfeito, e a sequência reproduzida ao contrário. O *making of* desse clipe também está disponível na internet.

Capítulo 5

Atividades de autoavaliação

1. b
2. c
3. d
4. b
5. d

Atividades de aprendizagem

Questões para reflexão

1. Seja qual for a cena escolhida, a ideia é fazer uma análise dos cortes, da quantidade de cortes e de como os cortes e a direção dos objetos colabora para contar esse trecho da história.
2. Os filmes de Wes Anderson se caracterizam pelo uso de paletas cuidadosamente selecionadas. As cenas costumam ter poucas cores, algumas menos saturadas, em tons pastéis, e outras mais chamativas, contrastando com as cores claras. Isso dá ao filme uma característica própria, alcançada por uma combinação de trabalho de direção de arte e colorização.

Capítulo 6

Atividades de autoavaliação

1. c
2. a
3. d
4. d
5. a

Atividades de aprendizagem

Questões para reflexão

1. Vários fatores. Conhecer as pessoas da produção, identificar-se com a história que vai ser contada, entre outros. É importante se colocar no lugar dessa pessoa para decidir como será feita essa comunicação.
2. Um pré-projeto comunica que o dinheiro investido na produção será bem utilizado. Ter os gastos programados e organizados passa uma sensação de confiança, e é mais provável que, dessa maneira, possíveis investidores ou apoiadores queiram contribuir com o material.

Sobre o autor

Matias Peruyera entrou em contato com o *design* gráfico no curso de Design Gráfico da Universidade de Buenos Aires. Trabalhou como infografista no jornal *Gazeta do Povo*, onde ajudou na transição para o digital e a infografia interativa. Trabalhou também com vários projetos de *motion design* para publicidade e vídeos institucionais. Atualmente, é professor do Centro Universitário Internacional (Uninter), onde leciona disciplinas relacionadas ao *design* gráfico e a produtos digitais e eventualmente realiza oficinas de edição de vídeo.

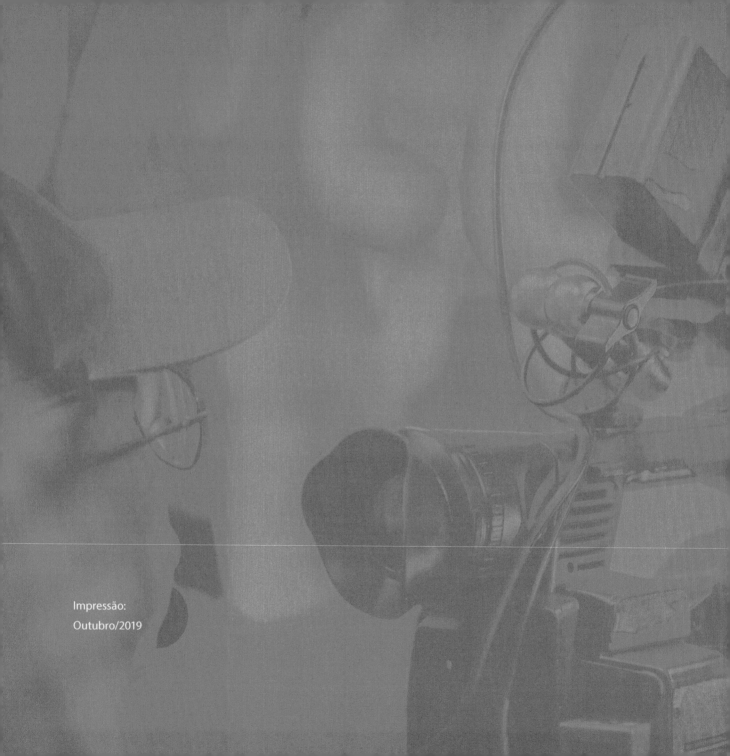

Impressão:
Outubro/2019